品读与感悟

徐昕 著

重庆出版集团
重庆出版社

图书在版编目(CIP)数据

品读与感悟 / 徐昕著. —重庆:重庆出版社,2021.2
ISBN 978-7-229-15343-4

Ⅰ.①品… Ⅱ.①徐… Ⅲ.①《史记》—研究 ②《资治通鉴》—研究 Ⅳ.①K204

中国版本图书馆CIP数据核字(2020)第205232号

品读与感悟
PINDU YU GANWU
徐 昕 著

责任编辑:徐 飞
责任校对:朱彦谚
装帧设计:胡芸霄

重庆出版集团
重庆出版社 出版

重庆市南岸区南滨路162号1幢 邮政编码:400061 http://www.cqph.com
重庆出版集团艺术设计有限公司制版
重庆市鹏程印务有限公司印刷
重庆出版集团图书发行有限公司发行
E-MAIL:fxchu@cqph.com 邮购电话:023-61520646
全国新华书店经销

开本:670mm×1000mm 1/16 印张:17.25 字数:150千
2021年2月第1版 2021年2月第1次印刷
ISBN 978-7-229-15343-4
定价:48.00元

如有印装质量问题,请向本集团图书发行有限公司调换:023-61520678

版权所有 侵权必究

前言

最近几年，我工作稍有闲暇，便拿出司马迁的《史记》和司马光的《资治通鉴》，品读其中的一些经典文章，感到余味无穷、受益匪浅。读到两部经典著作中的一些故事，总会有很多的心得和感受。于是，边读边思边写，就有了这些不成熟的文章。现在，我将它们集结成册，既是一点思考的成果，也是自己多年心意的了结。文章中悟出的一些道理，可能有失偏颇。如能让各位方家见笑，那也算是一种意外的收获吧！

目录 Contents

史记篇

之一　任人唯贤国之大幸　　　　　/003

之二　勤恳做事留美名　　　　　　/008

之三　德被苍生国泰民安　　　　　/012

之四　以德报德善莫大焉　　　　　/016

之五　昏庸暴虐遭人恨　　　　　　/021

之六　识时务者为俊杰　　　　　　/026

之七　多措并举得天下　　　　　　/031

之八　德治仁政社稷兴　　　　　　/034

之九　养痈遗患祸害无穷　　　　　/040

之十　说话做事要有技巧　　　　　/044

资治通鉴篇

之一　骄横埋下祸根　　　　/053

之二　学会高眼看人　　　　/057

之三　辩证看待嫉妒　　　　/062

之四　多舍必然多得　　　　/066

之五　做官应有骨气　　　　/069

之六　团结友爱最怡人　　　/073

之七　改革应积极稳妥　　　/077

之八　盲目决策后患无穷　　/081

之九　敢于表现也是美德　　/084

之十　得失不在一时　　　　/089

之十一　帮人就是帮己　　　/092

之十二　包容铸就伟业　　　/096

之十三　小人不可得志　　　/103

之十四　果断行事事竟成　　/106

之十五　用人不疑　疑人不用　/110

之十六　刘邦用人的"得"与"失"　/113

之十七　要保持好政策的连续性　/116

之十八　公平公正方得人心　/119

之十九　多给手下自主权　　　　/125

之二十　没有规矩　不成方圆　　　/131

之二十一　有勇更要有谋　　　　　/135

之二十二　做事要防患于未然　　　/139

之二十三　教化百姓不可一蹴而就　/142

之二十四　命运迥异的"狂人"　　/147

之二十五　多面人生看曹操　　　　/151

之二十六　聪明反被聪明误　　　　/158

之二十七　有才（财）也不能任性　/164

之二十八　纸上谈兵要不得　　　　/168

之二十九　宽以待人受人尊　　　　/170

之三十　不为假象所惑　　　　　　/175

之三十一　品德铸就"堕泪碑"　　/179

之三十二　难得糊涂也逍遥　　　　/184

之三十三　不务正业难长久　　　　/187

之三十四　切莫自毁长城　　　　　/192

之三十五　急流勇退须慎重　　　　/196

之三十六　谨言慎行行千里　　　　/201

之三十七　多学贤人智慧　　　　　/205

之三十八　敬畏之心不可无　　　　/209

之三十九　上有所好　下必甚焉　　/213

之四十　治国之策须接地气　　　／216

之四十一　依法办事凭正气　　　／220

之四十二　功高更应低调　　　　／223

之四十三　相得方能益彰　　　　／227

之四十四　为人坦荡受人尊　　　／230

之四十五　谨防口蜜腹剑之人　　／234

之四十六　宽厚严谨护声誉　　　／238

之四十七　危难之中见本色　　　／242

之四十八　践诺尚需笃行　　　　／246

之四十九　众叛亲离有缘由　　　／253

之五十　　屈就并非坏事　　　　／257

之五十一　为官之道当学冯道　　／262

史记篇

任人唯贤国之大幸

　　任人不唯亲，只唯德、只唯贤、只唯才，一般的人是很难做到的，世袭制的封建社会就更难以做到了。而在远古时代的尧却做到了，直到今天，他禅让的美名仍在流传。

　　然而，他的禅让并不是一帆风顺的，也着实费了很大周折。

　　尧在位的时候，就在考虑接班人的问题。他问："谁可以继承我的事业？"有人推荐他的儿子丹朱，说丹朱通情达理，而尧则说，丹朱么，这个人愚顽、凶恶，不能用。有人推荐共工，说他能够广泛聚集民众，做出了业绩，而尧则说，共工好讲漂亮话，用心不正，貌似恭敬，欺骗上天，不能用。有人推荐鲧，尧则说，鲧违背天命，毁败同族，不能用。

　　尧看到推荐一个人选那么困难，就说："那么就从所有同姓异姓远近大臣及隐居者当中推荐吧。"这时，有人就说，有一个单身汉流寓在民间，叫虞舜，此人可用。尧也听说过此人，就答应试试。试用手段之一，尧把两个女儿嫁给他，从两个女儿身上观察他的德行。舜让她们降下尊贵之心，住到妫河边的家中去，遵守为妇之道。尧认为这样做很好，就让舜试任司徒之职，谨慎地理顺父义、母慈、兄友、弟恭、子孝这五种伦理道德，人民都遵从不违。手段之二，尧让他参与百官的事，百官的事变得有条不紊。手段之三，让他在明堂四门接待宾客，四门处处和睦，从远方来的诸侯宾客都恭恭敬敬。手段之四，尧派舜进入山野丛林、大川草泽，遇上暴风雷雨，舜也没有迷路误事。经过反复试用，尧认为舜十分聪明，也很有道德，就把天子位禅让给了舜。舜果然不负众望，做出了很大成绩。

看来，尧在选人、用人上是很英明的。其主要表现：一是头脑清醒，不人云亦云。皇位的传承，历来都是一个大的政治事件。接续顺利，国家安康；接续不顺，生灵涂炭。尧如果没有主见，听凭周围的人左右，可能会使政局复杂，难以控制局面。幸运的是，尧确实有自己的主见，敢于否定一些不合适的人选，这就为选好人、用好人奠定了坚实的基础。二是胸怀全局，以国家利益为重。按说，尧把位子让给他的儿子，那在原始社会是理所当然的，别人都不会有什么意见。但尧却认为，让给舜，天下人就能得利益而只对丹朱一人不利；传给丹朱，天下人就会遭殃而只有丹朱一人得到好处。（"授舜，则天下得其利而丹朱病；授丹朱，则天下病而丹朱得其利。"）所以他说："我毕竟不能使天下人受害而只让一人得利。"（"终不以天下之病而利一人。"）想想，这是何等的胸怀啊！三是任人唯贤，以德才兼备为标准。应该说，尧的儿子丹朱，以及大家推荐的共工、鲧等都是比较能干的人，都在某些方面做出了一定的成绩，得到了大家的认可。但尧对他们还是不放心、不满意，最后，他通过反复的考验，证明了舜是一个德才兼备的人，于是就毅然决然地把位子禅让给他。这种看得远、探得深、究得细的做法，不失为我们考察干部、任用干部的良策。再说，舜是异族，还是一个流浪汉，重用这样的人，是要有一番勇气的。但尧却顶住压力，力排众议，给了舜施展才华的舞台，这不能不说是胸怀与勇气的完美结合。

可喜的是，历史上类似尧这样任人唯贤的明君还很多，春秋时期的齐桓公就是其中一位。说起齐桓公，还有一个曲折离奇而又令人难忘的故事：

齐襄公有两个弟弟，一个叫公子纠，另一个叫公子小白，他们各有一个很有才能的师傅。由于襄公荒淫无道，公元前686年，公子纠跟着他的师傅管仲到鲁国去避难，公子小白则跟着他的师傅鲍叔牙逃往莒国。

不久，齐国发生大乱，襄公被杀，另立国君。第二年，大臣们又杀了新君，派使者到鲁国去迎接公子纠当齐国国君，鲁庄公亲自带兵护送公子纠回国。

公子纠的师傅管仲，怕逃亡在莒国的公子小白因为离齐国近，抢先回国夺得君位，所以经庄公同意，先带领一支人马去拦住公子小白。

果然，管仲的队伍急行到即墨附近时，发现公子小白正在赶往齐国，便上前说服他不要去。但是，公子小白坚持要去。于是管仲偷偷向公子小白射了一箭，公子小白应声倒下。管仲以为他已被射死，便不慌不忙地回鲁国去护送公子纠到齐国去。

不料，公子小白并未被射死，鲍叔牙将他救治后，赶在管仲和公子纠之前回到了齐国都城，说服大臣们迎立公子小白为国君。这就是齐桓公。

管仲回到鲁国后，公子纠在庄公军队的保护下继任君位。于是，齐、鲁之间发生了战争。结果鲁军大败，只得答应齐国的条件，将公子纠逼死，又把管仲抓起来。齐国的使者表示，管仲射过他们的国君，国君要报一箭之仇，非亲手杀了他不可，所以一定要将他押到齐国去。

就这样，管仲被捆绑着，从鲁国押往齐国。一路上，他又饥又渴，吃了许多苦头。管仲被押到齐国都城后，鲍叔牙亲自前去迎接。后来齐桓公不仅没有对管仲报一箭之仇，反而听从鲍叔牙的劝说任命他为相国，而鲍叔牙自愿当他的副手。在管仲、鲍叔牙的辅佐下，齐桓公成为春秋时期的第一个霸主。

由此可见，一个人、一个国家要成就一番大业，不仅要有惊世骇俗的雄才大略，更要有宽以待人、任人唯贤的心胸和雅量。选人用人，关乎国之兴亡。选好人，无异于锦上添花、如虎添翼；选不好人，国家遭殃、人民遭难。所以说，任人唯贤，国之大幸也！

勤恳做事留美名

人活在世上，总是要做点事的。有的人夸夸其谈，敷衍塞责，不重实干，最后什么事也干不成，而且还落得个骂名；有的人不尚空谈，脚踏实地，勤恳干事，最后干成一番事业，留下千古美名。历史上这样的人很多，禹就是其中一个。

禹为人聪明机智，能吃苦耐劳，他遵守道德，仁爱可亲，言语可信；他勤勤恳恳，庄重严肃，堪称是百官的典范。舜的时候，看到禹的父亲鲧治理洪水干得不成样子，就把他流放到羽山，结果鲧就死在那里。可喜的是，舜举人不避亲，又举用了鲧的儿子禹，让他继承他父亲治水的事业。

而禹果然没有辜负舜帝的期望，顺利完成了治水大业。那么，禹是靠什么做到的呢？关键是靠他的德和勤。具体做法主要有几点：命令诸侯百官发动被罚服劳役的罪人分治九州土地；他一路上翻山越岭，树立木桩作为标志，测定高山大川状貌；他为父亲鲧因治水无功而受罚感到难过，就不顾劳累，苦苦地思索，在外面生活了十三年，几次从家门口路过都没有进去；他节衣缩食，尽力孝敬鬼神；居室简陋，把财产用于治理河川；他在地上行走乘车，在水中行走乘船，在泥沼中行走就乘木橇，在山路上行走就穿上带铁齿的鞋；他左手拿着准和绳，右手拿着规和矩，还装着测四时、定方位的仪器，开发九州土地，疏导九条河道，修治九个大湖，测量九座大山；他给民众分发稻种，可以种植在低洼潮湿的土地上，同时赈济饥民；粮食匮乏时，就让一些地区把余粮调剂给缺粮地区，以便使各诸侯国都能有粮食吃；他一边行进，一边考察各地的物产情况，规定了向天子应该缴纳的贡赋，并考察各地的山川地形，以便弄清诸侯朝贡时交通是否方便。由于禹的卓越功勋，东临大海，西至沙漠，从北方到南方，天子的声威教化达到了四方荒远的边陲。于是舜帝为表彰禹治水有功而赐给他一块代表水色的黑色圭玉，向天下宣告治水成功，天下从此太平安定。

从禹的这些表现中，我们可以清楚地看到他做事的风格：一是知耻而后勇。他没有因为父亲受罚而灰心丧气、怨天尤人，而是怀着不把事情做好就"无颜见江东父老"的决心，在外奔波辛劳，三过家门而不入。二是不畏艰难险阻。在治水的过程中，可谓困难重重，但他从没有因为困难多、压力大而放弃自己的努力，而是千方百计地想办法去克服它。三是勤恳努力。正如他对舜帝说的："我只想每天勤恳努力地办事。"别人问他什么叫勤恳努力，他说："鸿水滔天，浩浩怀山襄陵，下民皆服于水。予陆行乘车，水行乘舟，泥行乘橇，山行乘檋，行山刊木。与益予众庶稻鲜食。以决九川致四海，浚畎浍致之川。与稷予众庶难得之食。食少，调有余补不足，徙居。众民乃定，万国为治。"他的意思是说，洪水滔滔，浩浩荡荡，包围了高山，漫上了丘陵，百姓都遭受着洪水的威胁。我在陆地上行走乘车，在水中行走乘船，在泥沼中行走乘木橇，在山路上行走就穿上带铁齿的鞋，翻山越岭，树立木桩，在山上做了标志。我和益一块，给黎民百姓稻粱和新鲜的食物。疏导九条河道引入大海，又疏浚田间沟渠引入河道。和稷一起赈济饥民。粮食匮乏时，从粮食较多地区调剂给粮食欠缺的地区，或者叫百姓迁到有粮食的地方居住。民众安定下来了，各诸侯国也都治理好了。实践证明，这些和别人赞扬他的是一致的。所以人们说，这些都是他的巨大功绩。四是细致周到。禹在治水的过程中，不仅能够认真完成分内之事，而且还会根据情况的变化，了解其他情况，为天子分忧解难、出谋划策，实在是尽忠尽职的表现。

　　禹在历史上留下的美名，至今仍然被人称道。人们只知道禹治水的功劳，而真正能够深入地了解他的人还不是很多。我们敬佩他、颂扬他，更应该以他为榜样，勤恳做事，忠诚对人，恪尽职守。这样的人多了，我们的国家就会更有希望！

德被苍生国泰民安

在殷王朝统治的六百年间，国势几经兴衰。"兴"在于统治者广施仁德、德被苍生；"衰"则在于统治者刚愎自用、荒淫无度。这从殷朝历史中的几个关键性的事件看得清清楚楚。这些事件在《史记·殷本纪》中有详细的记述。

"成汤祝网"，说的是商汤广施仁德的故事。商汤外出，看到野外打猎的人四面张网，祷告说："天下四方都到我的网里来。"汤听后说："那样不就一网打尽了吗？"于是就去掉三面的网，祷告说："要向左的向左，要向右的向右，不听命的就到我的网里来。"诸侯听到这件事，都说："汤的德行好得无以复加了，连禽兽都受到恩惠。"由此可见，商汤的做法，既充分体现了他的德性，又巧妙地笼络了人心，真是明智啊！

"太甲思过"，说的是太甲改邪归正的故事。帝太甲为君三年，不明事理，又很暴虐，不遵守汤的法度，德行败坏。因此，伊尹把他放逐到桐宫去，时达三年。帝太甲在桐宫住了三年，悔过向善，于是伊尹就把他迎了回来，把政权交给他。帝太甲的德行不断好起来，诸侯都归服殷朝，百姓由此得到了安宁。由此可见，人们常说，"人之初，性本善"，确实是有道理的。一个人德行的好坏优劣，常常受到素质的高低、处世的环境、家庭的熏陶、朋友的感染等多种因素的影响。当然，如果一个人总是怀着"善"的愿望去为人处事，那么，即使他一时走偏了，或者做了一些无关大局、不伤大雅的事，他也自然会自觉地去修正自己的行为，人们还是会原谅他的。"太甲思过"，就充分地说明了这个道理。

"武丁得说"，说的是武丁求贤若渴的故事。帝武丁继位后，想复兴殷朝，但一直苦于找不到合适的助手。因此三年不说话，政事都由太宰决定，暗中观察国情。武丁夜里做梦得到了一个圣人，名叫说。他察看众多的官僚，没有一个人与梦中的人相合。于是派很多的人在民间四处寻求，终于在傅险这个地方找到了说。说被送到武丁那里，武丁一见就说找对了。跟他一交谈，果然是个圣人，就任命他为宰相，他把国家治理得非常好。在这个故事里，自然渗透着许多唯心的东西，这种独特的选人用人方式，显然是不可能的，也是不可取的。但武丁的这种求贤若渴的德行和态度是值得肯定的。得不到合适的助手，就三年不说话、不表态，这种做法固然有些偏激，但恰恰说明他办事非常谨慎小心，不刚愎自用，不鲁莽行事；确认说是合适的助手之后，果断地委以他重任，让他放手治理国家，这是"用人不疑、疑人不用"的表率。在说的有力协助下，武丁改善政治，布施恩惠，天下的人都很欢欣，殷朝国事又重新兴盛起来。可想而知，有这样重德行、重人才的统治者，有一些德才兼备的人辅佐，国家的兴盛应在情理之中。

可惜，殷王朝到了纣，情况就大变了。纣是史上有名的暴君，他的一些所作所为，受到千夫所指。他把智慧用来驳斥劝谏（而不是纳谏），口才用来掩饰过错；他以才能向臣下自夸，以名声来压倒天下，认为所有人都不如自己；他喜欢喝酒，享乐过度，宠爱妲己；他为了装满钱库和粮仓，加重各种税收，又大量搜取狗、马和珍奇的东西，塞满了宫室；他扩大沙丘的大园子，增建亭台楼阁，捕获很多野兽飞鸟放在园子里；他在沙丘里大搞武乐杂技等表演，用大池子盛酒，把大量的肉挂起来就像个树林，让男男女女光着身子在其中相互追逐，通宵饮酒取乐；面对百姓的怨恨、诸侯的背叛，他加重刑法，还造出了残酷的炮烙之刑；王子比干劝谏，他不但不听，还剖开比干的胸看他的心。纣的胡作非为越来越厉害，身边的臣子纷纷离他而去。这时周武王就率领诸侯去讨伐纣王，纣军大败，纣逃回妹邑，登上鹿台，穿上他的宝玉衣，投火而死。可见，无德必然会自取其辱，必然会失去人心，必然会自取灭亡。

  殷王朝的历史，历经十七代三十一王，有的德行高尚，以德治国，因而国强民安、流芳百世；有的无恶不作、恶贯满盈，只落得国破身亡、遗臭万年。"以铜为镜，可以正衣冠；以史为鉴，可以知兴替。"德行天下，长治久安；恶及苍生，国无宁日。历朝历代的统治者，都当以此为鉴！

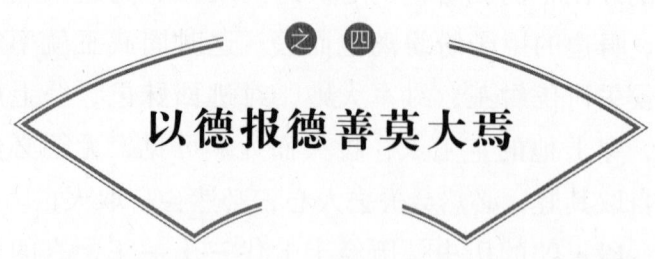

以德报德善莫大焉

　　《史记·秦本纪》里记录了两则故事，读后颇令人感慨。

　　一是缪公用五张羊皮买百里奚的故事。当年，晋献公灭了虞国和虢国，俘虏了虞君和他的大夫百里奚。俘虏了百里奚之后，把他作为秦缪公夫人出嫁时的奴隶送到秦国。百里奚逃离秦国跑到宛地，楚国边境的人捉住了他。缪公听说百里奚有才能，想用重金赎买他，但又担心楚国不给，就派人对楚王说："我家的陪嫁奴隶逃到这里，请允许我们用五张黑色公羊皮赎回他。"楚国就答应了，交出百里奚。在这时，百里奚已经七十多岁。缪公解除对他的禁锢，跟他谈论国家大事。百里奚推辞说："我是亡国之臣，哪里值得您来询问？"缪公说："虞国国君不任用您，所以亡国了，这不是您的罪过。"缪公坚持询问。谈了三天，缪公非常高兴，把国家政事交给了他。百里奚谦让说："我比不上我的朋友蹇叔有才能,可是世上没有人知道。我曾外出求学游历,被困在齐国,向铚地的人讨饭吃,蹇叔收留了我。我想事奉齐国国君无知,蹇叔阻止了我,我得以躲过齐国发生政变的那场灾难,于是到了周朝。周王子喜爱牛,我凭着养牛的本领求取禄位,周王子想任用我时,蹇叔劝阻我,我离开了周王子,才没有跟着王子一起被杀。事奉虞君时,蹇叔也劝阻过我。我虽知道虞君不会重用我,但实在是心里喜欢利禄和爵位,就暂时留下了。我两次听了蹇叔的话,都得以逃脱险境;一次没听,就遇上了这次因虞君灭国而遭擒的灾难。因此,我知道蹇叔有才能。"于是缪公派人带着厚重的礼物去迎请蹇叔,让他当上了大夫。后来,百里奚和蹇叔帮助缪公做了很多事情。

　　二是乡民报食马之德的故事。公元前646年,秦国发生饥荒,请求晋国援助粮食。晋国就此事征求群臣的意见。有人说:"趁着秦国闹饥荒去攻打它,可以大获成功。"晋君听从了他们的意见,于是发动军队攻打秦国。缪公也发兵,让丕豹率领大军,亲自前往迎击。九月与晋惠公在韩地交战。晋君丢下自己的部队独自往前冲,跟秦军争夺财物,回来的时候,驾车的战马陷到深泥里。缪公与部下纵马驱车追赶,没能抓到晋君,反而被晋君包围了。晋君攻击缪公,缪公受了伤。这时,曾在岐山下偷吃缪公良马的三百多个乡下人，不顾危险驱马冲入晋军。晋军的包围被突破，不仅使缪公得以脱险，反而还活捉了晋君。为什么众乡亲在这危机时刻愿意冒死相救呢？原来，当初缪公丢失了一匹良马，岐山下的三百多人一块儿把它抓来吃掉了，官吏捉到他们，要加以法办。缪公说："君子不能因为牲畜的缘故而伤害人。我听说，吃了良马肉，若不喝酒，会伤人。"于是就赐酒给他们喝，并赦免了他们。这三百人听说秦国要去攻打晋国，都要求跟着去。在作战时，他们发现缪公被敌包围，都高举兵器，争先死战，以报答吃马肉被赦免的恩德。

　　从这两个故事中，可以悟出几个简单的道理：一是任人唯贤，唯才是举。缪公不因为百里奚是亡国之臣，就弃之不用。他看中的是百里奚做事的才干，对人的忠诚。正是因为缪公这种博大的胸怀和高尚的品德，才成就了他的一番伟业。历史上，这样的统治者很多，他们都知道人才对于一个国家的重要，嫉贤妒能只能加速灭亡。二是帮人就是帮己。蹇叔在关键时刻，都帮助了百里奚，可见危难之中显身手，患难之际见真情。正因为如此，百里奚得势以后，念念不忘蹇叔的好处，极力在缪公面前推荐蹇叔。从这种意义上说，蹇叔帮助了百里奚，其实最终帮助了自己。懂得这个道理的人，都是有长远眼光的人，也都是比较聪明的人。三是以德报德，善莫大焉。缪公之所以能够在危机时刻转危为安，就是因为他的德行和善举在关键时刻发挥了作用。如果当年他为了一匹丢失的马，而惩办了那三百多乡下人，那么当他身陷危机的时候，会有这样一批舍生忘死的人救助他吗？所以，当他俘虏了晋君，准备杀掉晋君的时候，他听取大家的劝谏，不但没有杀掉晋君，而且还和晋君订立盟约，答应让他回国，并给他换上上等的房舍住宿，送给他牛羊，还以诸侯之礼相待。这样，一方面传播了他的美名，另一方面也稳定了各方诸侯，为他顺利拓展地盘奠定了坚实基础。所以，无论从哪方面说，缪公都是赢家，都是得利者。

　　历史上以德报德的人很多，这些人的品德无疑是值得称道的。对比起来，那些以德报怨的人就更加难能可贵了。因为从他们身上看到的，不仅是高尚的品德，而且是博大的容人胸怀和成人之美的非凡格局。

　　在这值得称道的芸芸众生中，鲍叔牙和管仲的故事尤其值得一提。鲍叔牙与管仲是好友，两人友情很深。他们俩一起经商，在经商时赚了钱，管仲总是多分给自己，少分给鲍叔牙，而鲍叔牙对此从不和管仲计较。对此人们背地议论说，管仲贪财，不讲友谊。鲍叔牙知道后就替管仲解释，说管仲不是不讲友谊、只贪图金钱，他这样做，是由于他家贫困。多分给他钱，是我情愿的。管仲三次参加战斗，但三次都从阵地上逃跑回来。因此人们讥笑他，说管仲贪生怕死，没有勇敢牺牲的精神。鲍叔牙听到这些讥笑后，深知这不符合管仲的为人，就向人们解释说，管仲不是怕死，是因为他家有年迈的母亲，全靠他一人供养，所以他不得不那样做。"路遥知马力，日久见人心。"在长期的交往中，他们俩就结下了深情厚谊，管仲多次对人讲过：生我者父母，知我者鲍叔牙。鲍叔牙确实了解管仲，他深知管仲是个很有本领的人，很多事情之所以做得不好，是因为机会没有成熟，暂时还没有他施展才华的舞台。果如鲍叔牙所料，后来，在鲍叔牙的举荐下，管仲辅佐齐桓公成就了一番霸业。

　　由此可以看出，以德报德也好，以德报怨也罢，都离不开一个"德"字。看来，无论是做人，还是做事，都必须以德为先。《容斋随笔·地险》一篇中总结了一句话："以在德不在险为言。"意思是说，从历史的兴衰来看，大多在于德行而不在于地理位置险要。这句话说得很有道理。应该说，历朝历代凡是能够做出一番伟业，而且广为人们称道的，都应归功于他们的"德"啊！

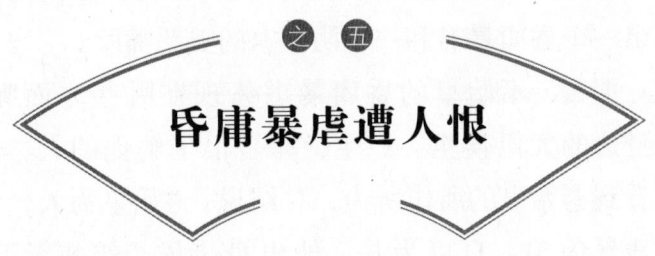

昏庸暴虐遭人恨

历史上有很多君王,凭着自己超人的气魄和卓越的才能,成就了流芳百世的伟业,千百年来都为世人所称道,但由于封建制度的影响、个人素质的局限,以及周围环境所迫,自身的缺陷也暴露无遗。他们的这种双面人生,在历朝历代的君王中并不少见。

《史记·秦始皇本纪》中记录了秦始皇和秦二世一生的主要活动和所发生的重大事件。比如写秦始皇,一方面列举了他议帝号、改历法服色、分天下为三十六郡、统一法律、统一度量衡和文字、南取陆梁地、北击匈奴、修筑长城等丰功伟绩,充分表现了他的政治、军事才能;另一方面,又列举了秦始皇不惜巨资派人入海求仙、大兴土木建造阿房宫和骊山陵墓、随意杀戮无辜等等,鲜明地体现了他的愚昧荒诞、暴虐凶残、骄奢淫逸。写秦二世,则着意叙写了在秦始皇逝世之后,他与赵高合谋篡权的详细经过和他的极端残虐、极端腐朽，深刻地揭露出一个昏庸暴君和一个阴谋家的丑恶嘴脸。

那么，秦始皇的昏庸暴虐体现在哪些方面呢？他身边的大臣侯生、卢生，算是很了解他的人。他们看到秦始皇的所作所为，总结说："始皇为人，天性残暴凶狠，自以为是，他出身诸侯，兼并天下，诸事称心，为所欲为，认为从古到今没有人比得上他。他专门任用治狱的官吏，狱吏们都受到亲近和宠幸。博士虽然也有七十人，但只不过是虚设充数的人员。丞相和各位大臣都只是接受已经决定的命令，依仗皇上办事。皇上喜欢用重刑、杀戮显示威严，官员们都怕获罪，都想保住禄位，所以没有人敢真正竭诚尽忠。皇上听不到自己的过错，因而一天更比一天骄横。臣子们担心害怕，专事欺骗，屈从讨好。秦法规定，一个方士不能兼有两种法术，如果法术不能应验，就要处死。然而占卜星象云气以测凶吉的人多达三百，都是良士，由于害怕获罪，就得避讳奉承，不敢正直地说出皇上的过错。天下的事无论大小都由皇上决定。"应该说，他们的总结虽然不够全面，但也是一针见血，鲜明地揭露了秦始皇残暴凶狠、自以为是、为所欲为、阳奉阴违、闭塞视听、闻过则怒的形象。

于是，侯生、卢生为了免遭杀身之祸，就借机逃跑了。秦始皇听后十分恼怒，于是就派御史去一一审查，这些人辗转告发，一个供出一个，最后秦始皇活埋了四百六十多人。始皇的儿子扶苏劝谏他："天下刚刚平定，远方百姓还没有归附，儒生们都诵读诗书，效法孔子，现在皇上一律用重法制裁他们，我担心天下将会不安定。"秦始皇不但听不进这样的意见，而且还派扶苏到北方去监督军队。连自己的儿子都不能容忍，连自己身边人的话都听不进去，这样的人，谁又会喜欢、谁又会拥戴、谁又会跟从呢？

再说秦二世。他本来就是凭借赵高、李斯的假诏才当上皇帝的，本应尽职尽责，建功立业，造福百姓。但可悲的是，他不仅没有什么值得称道的成就，而且把残虐、腐朽的事做到了极致。秦始皇在骊山为自己修建陵墓，陵墓修成后，二世把先帝的后宫妃嫔全部殉葬。隆重的丧礼完毕，工匠们全部被封闭在墓里，没有一个人得以出来。这样的事做多了，也就离灭亡不远了。后来，阎乐（赵高的女婿）闯宫，二世自尽，秦朝灭亡。

历史往往有惊人的相似之处。早在夏朝时代，夏桀的暴虐无道和骄奢淫逸就给人们留下了深刻印象，他的一些行为实在是匪夷所思、令人发指。

夏桀为政残暴，破坏农业生产，对外滥施征伐，勒索小邦。他即位后的第三十三年，自负勇武，便发兵征伐有施氏（今山东省滕县），有施氏抵抗不过，请求投降，便把多年来积攒的珍奇全部取出，又从民间挑选许多年轻美貌的姑娘，一起进贡给夏桀。在这众多美女中，有个叫妺喜的，令夏桀满心欢喜。夏桀听妺喜说，她原是有施国君的义女，主动要求来侍奉夏王的。夏桀闻听此言，心中更是欣喜若狂，第二天就把妺喜封为皇后，宠爱无比。他觉得原来的那些宫室都不配给妺喜居住，于是就下令征集民夫，为妺喜重新建造一座华丽的高大宫殿，远远望去，宫殿耸入云天，浮云游动，好像宫殿要倾倒一样，因此，这座宫殿就被称之为倾宫，宫内有琼室瑶台，象牙嵌的走廊，白玉雕的床榻，一切都奢华无比。夏桀每日陪着妺喜登倾宫，观风光，尽情享乐。夏桀怕妺喜思念家乡，就按照有施国的房屋样式，建造一些新民舍与妺喜参观欣赏，以消除妺喜思乡之苦。他还按照妺喜的要求，派人挨家挨户挑选三千美女到倾宫歌舞，又派人督做三千刺绣舞衣，人民交不出绣衣的，就被严刑拷打，弄得人民叫苦连天，家家怨恨。

不仅如此，夏桀为了满足其奢侈的享受，还无休止地征发夏民，强迫他们无偿劳役，榨干了百姓的血汗。到了晚年，夏桀更加荒淫无度，竟命人造了一个大池，称为"夜宫"，他带着一大群男女杂处在池内，一个月不上朝。人民对他的暴政已达到忍无可忍的程度，因此都愤怒地说："时日曷丧，予及汝偕亡！"（《史记·殷本纪》）意思是说，这个太阳（指夏桀）什么时候死亡，我愿意与其一起消亡！后商汤起兵，夏桀带着妹喜同舟渡江，逃到南巢（今安徽省巢东南）之山一道死去。

《战国策·赵策一》中说，"前事之不忘，后事之师"。按说，夏桀的做法和下场应该给包括秦始皇、秦二世等后来的统治者一些警醒和启发。只可惜，他们中的一些人，不仅不深刻吸取教训，而且还变本加厉、有过之而无不及。这就显得极不聪明、也很不合时宜，那么他们的灭亡就是咎由自取了。

所以，无论什么人，不管他多么位高权重，都要客观地认识自己，摆正自己的位置，清楚地知道这个位置是谁给的，真正明白"水可载舟、亦可覆舟"的道理；都要正确认识自己的职责，在其位总得做一些事，把人民赋予的权力用于为人民谋福利上，而不是把权力作为欺压百姓、胡作非为的手段；都要正确权衡为人做事的准则，平等待人、公平做事，决不能把任何人作为自己的"家奴"，决不能偏心做事、偏袒庇佑。只有始终保持清醒的头脑，才能不做出类似夏桀、秦始皇、秦二世那样昏庸暴虐的事，才不至于遭人嫉恨，才不会家破人亡。后人治世，当以他们为鉴啊！

识时务者为俊杰

《史记·项羽本纪》里,记录了陈婴的故事。陈婴是什么人呢?他原先是东阳县的令史,在县里一向诚实谨慎,人们称赞他是忠厚老实的人。东阳县的年轻人杀了县令,聚集起数千人,想推举一位首领,没有找到合适的人选,就来请陈婴。陈婴推辞说自己没有能力,他们就强行让陈婴当了首领,县里追随的人有两万。那帮年轻人想索性立陈婴为王,以表示是新突起的一支义军。陈婴的母亲对陈婴说:"自从我做你们陈家的媳妇,还从没听说你们陈家祖上有显贵之人,如今你突然有了这么大的名声,恐怕不是吉祥的征兆。依我看,不如去归属谁,起事成功还可以封侯,起事失败还可以逃脱,因为那样你就不是当世引人注目的人了。"陈婴听了母亲的话,没敢做王。

这时候,刚好项梁听说陈婴已经占领了东阳,项梁就派使者到东阳,想要同陈婴合兵西进。陈婴对军吏们说:"项氏世世代代做大将,在楚国是名门。现在我们要起义成大事,那就非得项家的人不可。我们依靠了名门大族,灭亡秦朝就确定无疑了。"于是军众听从了他的话,把军队归属了项梁。这可真是关键时刻的明智之举。

首先,陈婴母亲的头脑是清醒的。那时,东阳县的年轻人都愿意推举陈婴为王,说明他还是很有凝聚力和领导才能的,还是很有群众基础的,也是可以为王的。但他母亲却不这么认为,因为他母亲没有被眼前的情势所迷惑,而是从大局看得失,这样就是非常明智的了。她知道"不是显贵人,不做显贵事"的道理,拿不准的事不要轻易抛头露面;知道自己儿子的能力,告诫他不要勉为其难;知道项梁的势力很大,如果自立为王,可能会遭来灭顶之灾。所以,从这点来说,我们还是非常佩服陈婴的母亲的。

其次,陈婴能听劝告,及时遏制自己的欲望,确实难能可贵。能被大家推举为王,对于一个人、一个家庭来说,那可是千载难逢的机会,是多少人梦寐以求的事。如果一般的人可能会想,既然大家信任我,那我就不客气了。但陈婴没有"顺其自然",这说明他虽然比较保守,但是很有定力,他觉得老母亲的话是很有道理的:不管起义的结果,不管别人怎么折腾,都可以为自己留下一条后路,可以让自己有个明哲保身的机会。所以，在是否立王的问题上，陈婴的母亲是清醒的，陈婴的做法也是明智的。

第三，识时务者才能万载平和。事实证明，陈婴的做法是对的。他依附项梁之后，得到了项梁的重用，被封为楚上柱国，镇守大后方。后来，刘邦和项羽争夺天下，项羽兵败自杀，而陈婴依然活得好好的。项羽死后，迫于形势，陈婴投降了刘邦，被刘邦封为堂邑侯，最终安度晚年。陈婴的结局与他母亲所预料的相差无几，项氏叔侄大展拳脚的时候，他能分到一杯羹；项羽失败后，他也不至于被刘邦所灭杀。灭秦之战，楚汉之争，刘邦是天底下最大的赢家，因为他夺得了天下。陈婴不也算一个人生赢家吗？活在乱世中的人，更多的其实并不是要去争夺天下，而是能够保全性命，能有一块安宁之地，能让自己平平安安地度过余生。楚汉战争结束，陈婴依然活着，活着去享受余下的时光，活着感受儿孙绕膝的幸福，活着向自己的子孙讲讲自己当年的风风雨雨。对于一个在乱世中淘生活的人来说，这应该是最完美的结局了吧！

历史上，"识时务者"很多，东汉时期的张霸就是一个识时务者。虽然他们的做法与陈婴的做法不尽相同，但最终还是有"异曲同工之妙"。

张霸是东汉时期四川成都人，从小就懂得孝敬和谦让,后来被推举为孝廉,开始从政。在他任职的地方,选拔那些学有专长、品行优异的人出来任职,所以辖区内的人们都争相磨炼自己的志向和节操,追求上进、喜欢学习,连路上都只听得到读书声。他刚任会稽太守的时候,盗贼尚未清除,郡界并不安定。他就张贴文书,悬赏捉拿,有功必赏,没有动用一兵一卒,就清除了盗贼。以至于当时有童谣唱到:"抛掉我的戟,扔掉我的矛,盗贼都已玩完,官吏没事可干。"后来张霸又得到四次提拔,担任了侍中。当时皇后的哥哥邓骘,地位高贵,权势显赫,听到张霸的名声和品行,想和他结交,张霸却避不表态,大家都嘲笑他不懂得人情世故。对此,《后汉书·张霸传》里记载:"时皇后兄虎贲中郎将邓骘,当朝贵盛,闻霸名行,欲与为交,霸逡巡不答,众人笑其不识时务。"后来邓骘受人诬陷,被贬低官爵,没收资财,绝食而死。而张霸到七十岁时才因病而终。试想一下,如果当时张霸为了讨好皇后,不分青红皂白地与其哥邓骘结交,那么张霸就有可能因为邓骘东窗事发而被牵连,如若这般,张霸是否能顺利活到七十岁,那就很难说了。

　　应该说,识时务者不仅是聪明的,而且是理智的。但可悲的是,面对纷繁复杂的环境,不识时务者却随处可见:有些人,终身追求名与利,最终被名利所累,压得自己悲悲戚戚;有些人,自不量力,做不了的事非要去做,做不了的官非要去尝试,承担不了的事非要去铤而走险。其实,这些人都是没有真正理解"识时务者为俊杰"的道理,最终都不会长久的。

之七 多措并举得天下

汉高祖刘邦打败项羽以后,在洛阳南宫摆设酒宴。高祖说:"我之所以能取得天下,是因为什么呢?项羽之所以失去天下,又是因为什么呢?"高起、王陵回答说:"陛下派人攻打城池夺取土地,所攻下和降服的地方就分封给群臣,跟天下人同享利益。而项羽却嫉贤妒能,有功的就忌妒人家,有才能的就怀疑人家,打了胜仗不给人家授功,夺得了土地不给人家好处,这就是他失去天下的原因。"["陛下使人攻城略地,所降下者因以予之,与天下同利也。项羽嫉贤妒能,有功者害之,贤者疑之,战胜而不予人功,得地而不予人地,此所以失天下也。"(《史记·高祖本纪》)]高祖说:"你们只知其一,不知其二。如果说运筹帷幄之中,决胜千里之外,我比不上张子房;镇守国家、安抚百姓、供给粮饷,保证运粮道路不被阻断,我比不上萧何;统率百万大军,战则必胜,攻则必取,我比不上韩信。

这三个人都是人中的俊杰，我却能够任用他们，这就是我能够取得天下的原因所在。项羽有一个范增却不信用，这就是他被我擒获的原因。"〔"公知其一，未知其二。夫运筹帷幄之中，决胜千里之外，吾不如子房。镇国家，抚百姓，给馈饷，不绝粮道，吾不如萧何。连百万之军，战必胜，攻必取，吾不如韩信。此三者，皆人杰也，吾能用之，此吾所以取天下也。项羽有一范增而不能用，此其为我所擒也。"（《史记·高祖本纪》）〕

高祖得天下，项羽失天下，原因很多，世人都在探究。在这个问题上，高祖刘邦和高起、王陵说的都有道理：高祖说的是"用人"的道理，应该说寓意更深刻一些，"得人者得天下"，这个道理是不言而喻的，也是夺得天下的重要保障；高起、王陵说的是"分利"的问题，那也是很有道理的，"人为财死，鸟为食亡""无利不起早"，人一旦有利可图、为利所驱，自然就会趋之若鹜，或者拼死相争，在这个时候，如果领导者抓住这种机会和心态，让大家共享胜利的成果，就会及时获得人心、站稳脚跟、赢得未来，这也是"得天下"的重要基础。

其实，得天下、治天下绝不是一件容易的事，它是一个综合的因素，忽视哪一点都是行不通的。把握好政治的因素，可以使天下永保初心，不迷方向，始终沿着正确的轨道前进；把握好经济的因素，可以使国家始终繁荣富强，人民永远安居乐业；把握好文化的因素，可以使一个国家永葆青春和活力，增强民族的自信心和自豪感，把人民始终团结在自己的周围；把握好人才的因素，就能不拘一格降人才，让千百万人才脱颖而出，让各类有用之才为我所用，为天下长治久安奠定坚实的人才基础。

所以，从这种意义上说，无论是得天下，还是治天下，都应该因地施策、因势利导、多措并举，方能永固江山、长治久安。

之八 德治仁政社稷兴

在读《史记》的过程中,我对孝文皇帝的印象特别深刻,因为他以自己的文韬武略,使汉朝从国家初定走向繁荣昌盛,开创了历史上著名的"文景之治"。孝文皇帝之所以能够取得如此大的成就,关键在于他的"德治仁政"。这些事在《史记·孝文本纪》里都有详细叙述,归纳起来有以下几个方面:

一是休养生息、轻徭薄赋。文帝认为:"农业是天下的根本,没有什么比这事情更重要。现在农民辛勤地从事农业生产却还要缴纳租税,使得本末不分,务农和从事商业手工业没有区别,这恐怕是由于鼓励农耕的方法不完备。应当免除农田的租税。"("农,天下之本,务莫大焉。今勤身从事而有租税之赋,是为本末者毋以异,其于劝农之道未备。其除田之租税。")同时,他还督促官员履行好职责,务必减少徭役和费用,以便利民众。这样,百姓一方面身心得到休养,另一方面随着苛捐杂税的减轻,他们的生产积极性空前高涨。

  二是减轻刑罚，消弭战争。文帝认为："法令是治理国家的准绳，是用来制止暴行、引导人们向善的工具。如今犯罪的人已经治罪，却还要使他们的父母、儿女和兄弟因他们而被定罪，甚至被收为奴婢。这种做法很不可取。""法令公正百姓就忠厚，判罪得当百姓就心服。治理百姓引导他们向善，要靠官吏。如果既不能引导百姓向善，又使用不公平的法令处罚他们，这种反倒是加害于民而使他们去干凶暴的事。又怎能禁止犯罪呢？"于是，就废除了拘执罪犯家属、收为奴婢等各种连坐的法令。有一次，齐国的太仓令淳于公犯了罪，应该受刑。太仓令没有儿子，只有五个女儿。临行前，他骂几个女儿没有什么用处。他的小女儿伤心之余，上书朝廷，称自己愿意被收入官府做奴婢，来抵父亲应该受刑之罪。文帝怜悯她的孝心，就下诏说："听说在有虞氏的时候，只是在罪犯的衣帽上画上特别的图形和颜色，给罪犯穿上有特定标志的衣服，以此来羞辱他们，这样，民众就不犯法了。为什么能这样呢？因为当时政治清明到了极点。如今法令中有刺面、割鼻、断足三种肉刑，可是犯罪的事仍然不能禁止，过失出在哪儿呢？不就是因为道德不厚、教化不明吗？施行刑罚以致割断犯人的肢体，刻伤犯人的肌肤，终身不能长好，多么令人痛苦而又不符合道德啊。作为百姓父母，这样做，难道符合天下父母心吗？应该废除肉刑。"由此可知，政治清明，官员平易近人，百姓才能安居乐业，社会才能和谐稳定；如果政治昏暗，官员飞扬跋扈，那么即使法律再多再严，也不能保持天下长治久安。

三是以德报怨，仁爱宽厚。文帝即位不久，就对天下施以德惠，安抚诸侯和四方边远的部族，使各方面的上上下下都融洽欢乐。淮南王刘长废弃先帝的法律，不听从皇帝的诏令，出入车马仪仗比拟天子，擅自制定法令，图谋造反，企图危害宗庙社稷。君臣议论此事，都说刘长应该在街市上斩首示众。文帝却不忍心法办淮南王，免了他的死罪，废了他的王位，不准再做诸侯王。淮南王在流放的途中死了，文帝怜悯他，后来追尊他，谥号为厉王，并分封了他的三个儿子。南越王尉佗自立为武帝，文帝却把尉佗的兄弟召来，使他们显贵，报之以德，尉佗于是取消了帝号，向汉朝称臣。汉与匈奴相约和亲，匈奴却背约入侵劫掠，而文帝只命令边塞戒备防守，不发兵深入匈奴境内。吴王刘濞谎称有病不来朝见，文帝就乘机赐给他木几和手杖，以表示关怀他年纪大，可以免去进京朝觐之礼。大臣中有人接受别人贿赂的金钱，事情被发觉，文帝就从皇宫仓库中取出金钱赐给他们，用这种办法使他们内心羞愧，而不交给执法官吏处理。文帝一心致力于用恩德感化臣民，因此天下富足，礼义兴盛。

　　四是严于律己，谦让俭朴。文帝虽身居高位，但从来不自以为是，总是常常检查自己的不足，常常警醒自己，真可谓"吾日三省吾身"。如天上出现异常的情况，他就感到担心，唯恐自己哪些方面做得不到位，得罪了上天，得罪了百姓。他说："我听说天生万民，为他们设置君主，来抚育治理他们。如果君主不贤德，施政不公平，那么上天就显示出灾异现象，告诫他治理得不好。我能够侍奉宗庙，以这微小之躯依托于万民和诸侯之上，天下的治与乱，责任在我一个人。如果我对下不能很好地治理抚育众生，对上又牵累了日、月、星辰的光辉，以致发生日食等现象，那么我的无德实在太严重了。"除了自律，他还十分节俭。孝文帝从代国来到京城，即位二十三年，宫室、园林、狗马、服饰、车驾等等，什么都没有增加。文帝平时穿的是质地粗厚的丝织衣服，对所宠爱的慎夫人，也不准穿长得拖地的衣服，所用的帏帐不准绣彩色花纹，以此来表示俭朴，为天下人做出榜样。文帝规定，建造他的陵墓，一律用瓦器，不准用金银铜锡等金属做装饰，不修高大的坟；要节省，不要烦扰百姓。

五是顺其自然，知止不辱。文帝逝世后，留下遗诏说，"我听说天下万物萌芽生长，最终没有不死的。死是世间的常理、事物的自然归属，有什么值得过分悲哀呢？当今世人都喜欢活着不乐意死，死了人还要厚葬，以致破尽家产；加重服丧以致损害身体。这很不可取。况且我生前没什么德行，没有给百姓什么帮助；现在死了，又让人们加重服丧长期哭吊，遭受严寒酷暑的折磨，使天下父子为我悲哀，使天下老幼心灵受到损害，减少饮食，中断对鬼神的祭祀，其结果是加重了我的无德，我怎么向天下人交代呢？我有幸凭着我这渺小之身依托在天下诸侯之上，至今已二十多年，靠的是天上的神灵，社稷的福气，才使得国内安宁，没有战乱。我不聪敏，时常担心行为有过错。如今没想到能侥幸享尽天年，将被供在高庙里享受祭祀，我如此不贤明，却能有这样的结果，我认为就很好，还有什么可悲哀的呢？"遵照他的遗诏，就废除了一些繁枝缛节，禁止了一些劳民伤财的事，移风易俗的风气蔚然形成。

　　这些事，在后人看来，有些就是举手之劳，有些已经形成了制度，有些已习以为常，但是在等级森严的封建社会，一个皇帝能够做到这些，确实难能可贵，所以后人评价孝文皇帝：世间取天下之功没有大过高皇帝的，治天下之德没有超过孝文皇帝的。（"世功莫大于高皇帝，德莫盛于孝文皇帝。"）孔子曾说："治理国家，必须经过三十年才能实现仁政。善于治理国家经过一百年，也就可以克服残暴免除刑杀了。"（"必世然后仁。善人之治国百年，亦可以胜残去杀。"）这话说得千真万确，后人治国，尤当以此为鉴！

之九 养痈遗患祸害无穷

成语"养痈遗患"的意思是,纵容包庇坏人坏事,结果会遭受祸害。在漫长的历史长河里,这样的事还真不少。《史记·吴太伯世家》中记载的吴王夫差纵容越王勾践的故事,就充分说明了这个道理。

公元前496年,吴兵伐越,越王勾践带兵抗击,在姑苏大败吴兵,吴王脚拇指被越军击伤,伤重而死。临死前,吴王阖闾命立太子夫差为王,对夫差说,"你能忘记勾践杀死了你的父亲吗?"夫差回答说:"不能忘。"三年来,吴国坚持军事训练,一直有报复越国之志。公元前494年,吴王出动全部精兵伐越,在夫椒之地大败越军,终于报了姑苏失败之仇。

战败的越王勾践当然也不是等闲之辈,他肯定不会轻易俯首称臣,但他也深知此时报仇,为时尚早,于是他施展出"以退为进"的谋略,以此麻痹吴王夫差。越王勾践兵败退到会稽山后,立即派出大夫文种通过吴国太宰请求媾和,愿以越国作为吴国的奴仆之国。

吴王夫差一时没有识破勾践的诡计,他很想答应这样的请求。但清醒的伍子胥却极力劝谏吴王千万不要上当受骗,不仅不能宽恕勾践,而且要彻底消灭越国。他说:"勾践为人能坚韧吃苦,现在不消灭他,将来后悔不及。"("勾践为人能辛苦,今不灭,后必悔之。")可惜吴王不听伍子胥之言,终于与越国停战,两国还订立了和平盟约。

应该说,吴王夫差走错的这一步确实是致命的,如果及时改正,或许还来得及。但他却没有从中吸取教训、看到利害关系,仍然我行我素、一意孤行。公元前489年,吴王准备兴兵北伐齐国。伍子胥说:"不行。齐国与吴国,习俗不同,言语不通,即使我们得到齐国的土地也不能与齐人相处,得到齐国的百姓也不能完全役使。而吴国与越国接壤,道路相连,习俗一致,言语相通。我们得到越国的土地就能够与越人相处,得到越国的百姓就能够役使。吴国与越国势不两立,越国对于吴国如同心腹之疾,虽然没有发作,但它造成的伤害深重而且处于体内。而齐国对于吴国只是癣疥之疾,不愁治不好,况且也没什么妨害。如今舍弃越国而去讨伐齐国,这就像是担心虎患却去猎杀野猪一样,虽然打胜,但也不能除去后患。"

其实，聪明而又敏锐的伍子胥早已看出了越王勾践的阴谋和野心，因此，他在详细分析了"伐齐"和"伐越"的利弊后，进而他又劝谏说："越王勾践不设两样的菜肴，穿衣不用两种以上的颜色，吊唁死者，慰问病者，这是想到时候利用民众伐吴报仇啊。勾践不死，必为吴国大患。"（"越王勾践食不重味，衣不重采，吊死问疾，且欲有所用其众。此人不死，必为吴患。"）可惜吴王不听，照样北伐齐国。

伍子胥的几次劝谏，不仅没有说服吴王，而且还招来吴王的愤怒。夫差兴兵伐齐，在艾陵把齐军打得大败，回来以后就要杀伍子胥。吴王赐给伍子胥属镂之剑令其自杀，子胥临死时说："你们在我坟上种上梓树，让它们生长到可以制器的时候吴国就要灭亡了。把我的眼睛挖出来放在吴都东门上，让我看到越国怎样灭掉吴国。"（"树吾墓上以梓，令可为器。抉吾眼置于吴东门，以观越之灭吴也。"）

那么，越国是怎样灭掉吴国的呢？越王勾践乘吴王东征西讨、无暇顾及之际，一心一意经营着自己的国家。公元前478年，越国更加强大。越王勾践率兵伐吴，大败吴兵于笠泽；公元前473年，越国打败吴国。越王勾践想把吴王夫差流放到甬东，给他万户人家，让他住在那里。吴王说："我老了，不能再侍奉越王。我后悔不听子胥之言，让自己落到这个地步。"（"孤老矣，不能事君主也。吾悔不用子胥之言，自令陷此。"）于是自杀而死。

　　从这个故事中我们可以看到，如果当初吴王夫差听从伍子胥的劝谏，断不至于落得个兵败自杀的境地。一方面，勾践忍辱负重、卧薪尝胆，以坚忍的意志重振大业，着实让人称道；但另一方面，对吴王夫差的昏暗不明、一意孤行、优柔寡断又扼腕叹息。养痈遗患，必然后患无穷，这是从吴王夫差的人生悲剧中悟出的血的教训，我们当举一反三、引以为戒！

之十 说话做事要有技巧

人在社会交往的过程中，总要说话以表达自己的意愿；人要生存和发展，总要做事以体现自身的价值。话说对了，能起到意想不到的效果；倘若话不投机，难免生出一些是非，闹出一些矛盾，徒增风险。事做对了，会收到事半功倍的效果，助你一路顺风；如若事做得不尽如人意，结果只能是吃亏不讨好。

韩非是一个很会游说的人，但他也深知游说的困难。他在《说难》一书里，详细地阐述了说话、办事的一些困难、技巧和方法，很值得我们认真研读、细细品味。

《说难》中说，大凡游说的困难，不是我的才智不足以说服君子有困难，也不是我的口才不足以明确地表达出我的思想有困难，也不是我不敢毫无顾忌地把意见全部表达出来有困难。大凡游说的困难，在于如何了解游说对象的心理，然后用我的说辞去适应他。游说的对象在博取高名，而游说的人却用重利去劝说他，他就会认为你品德低下而受到卑贱的待遇，一定会被遗弃和疏远了。游说的对象志在贪图重利，而游说的人却用博取高名去劝说他，他就会认为你没有头脑而脱离实际，一定不会录用你。游说的对象实际上意在重利而公开装作博取高名，而游说的人用博取高名去游说他，他就会表面上录用你而实际上疏远你；假如游说的人用重利去劝说他，他会暗中采纳你的意见，而公开抛弃你本人。

在这里，韩非表达的意思是，不管你有多大的本事和多么出众的口才，一定要充分了解对象的背景、心理和当时所处的特殊环境。如果你不了解这些，即使你说得再多，也只能是对牛弹琴。

看来，无论是说话还是办事，一定要处处小心，否则"危险"就会如影随形。那么，"危险"究竟有哪些呢？韩非在《说难》里列举了六种"危险"：其一，不一定是游说者本人有意去泄露机密，而往往是在言谈之中无意地说到君主内心隐藏的秘密，像这样，游说的人就会身遭灾祸。其二，君主有过失，而游说的人却引用一些美善之议推导出他过失的严重，那么游说的人就会有危险。其三，君主对游说者的恩宠还没有达到深厚的程度，而游说者把知心话全部说出来，如果意见被采纳实行而且见到了功效，那么君主就会忘记你的功劳；如果意见行不通而且遭到失败，那么游说者就会被君主怀疑，像这样，游说的人就会有危险。其四，君主自认为有了如愿的良策，而且打算据为自己的功绩，游说的人参与这件事，那么也会有危险。其五，君主公开做着一件事，而自己另有别的目的，如果游说者预知其计，那么他也会有危险。其六，君主坚决不愿做的事，却勉力让他去做，君主去做丢不下的事，又阻止他去做，游说的人就会有危险。

这六种"危险"，确实是我们应该高度重视的。那么，有没有能有效避免这些"危险"的妙方呢？在《说难》一书里，韩非给了我们一些建议：大凡游说者最重要的，在于懂得美化君主所推崇的事情，而掩盖他认为丑陋的事情。他自认为高明的计策，就不要拿以往的过失使他难堪；他自认为是勇敢的决断，就不要用自己的意愿使他激怒；他夸耀自己的力量强大，就不必用他为难的事来拒绝他。游说的人谋划另一件与君主相同的事，赞誉另一个与君主同样品行的人，就要把那件事和另一个人加以美化，不要坏其身伤其人。有与君主同样过失的人，游说者就明确地粉饰说他没有过失。待到游说者的忠心使君主不再抵触，游说者的说辞君主不再排斥，游说者就可以施展自己的口才和智慧了。

应该说，韩非的这些"建议"带有明显的封建意识色彩，这是一种典型的"愚忠""媚俗"的表现，我们决不可全面借鉴。但其中也有一些合理的因素，他明确地告诫我们，说话要讲技巧，办事要有分寸；无论什么时候、无论自己身居何位，说话办事都要分清场合、看清对象，都要因人而异、因事说理、因势利导。这样做，只会受益无穷、平安终身。

这样的道理很多人都懂，但要真正地去运用它却不是那么容易。历史上的几则小故事，就很能给人一些启发。

故事之一：宋国有个富人，因为天下雨毁坏了墙。他儿子说："不修好将会被盗。"他的邻居有位老人也这么说。晚上果然丢了很多财物，他全家的人都认为他儿子特别聪明却怀疑邻居那位老人。同样的话出自不同人之口，其效果迥然不同，看来说话要看准时机、看准对象；否则，一言不慎，可能会惹祸上身。

故事之二：从前郑武公想要攻打胡国，反而把自己的女儿嫁给胡国的君主。为此，他问大臣们："我要用兵，可以攻打谁？"关其思回答说："可以攻打胡国。"郑武公就把关其思杀了，并且说："胡国，是我们兄弟之国，你说攻打他，什么居心？"胡国君主听到这件事，就认为郑国君主是自己的亲人而不防备他，郑国就趁机偷袭胡国，占领了它。由此可知，说话可要三思而言，那么应该"思"什么呢？就是要考虑当时所处的环境，弄清楚听者内心所蕴藏的秘密，了解听者内心真实的想法等等，只有这样，你讲出的话才能恰如其分、得当得体；否则，就会适得其反、弄巧成拙。关其思对郑武公说的话，应该是经过深思熟虑的，也是负责任的。但他没有真正弄清楚郑武公的意图就盲目表态，也许这就是他被杀的原因吧！

故事之三：从前，弥子瑕被卫国君主宠爱。按照卫国的法律，偷驾君车的人要判断足的罪。有一次，弥子瑕的母亲病了，弥子瑕就诈称君主的命令驾着君主的车子出去了。此时，君主听到这件事，不仅没有责罚他，反而赞美他说，"多孝顺啊，为了母亲的病竟愿犯下断足的处罚？"又有一次，弥子瑕和卫君到果园去玩，弥子瑕吃到一个甜桃子，没吃完就献给卫君。卫君说："真爱我啊，自己不吃却想着我。"等到弥子瑕容色衰老，卫君对他的宠爱也疏淡了，后来弥子瑕得罪了卫君。卫君说："这个人曾经诈称我的命令驾我的车，还曾经把咬剩下的桃子给我吃。"因此，还给弥子瑕判了罪。弥子瑕的德行和当初一样没有改变，以前所以被认为孝顺而后来被治罪的原因，是由于卫君对他的爱憎有了极大的改变。所以说，被君主宠爱时就认为他聪明能干，愈加亲近；被君主憎恶了，就认为他罪有应得，愈加疏远。由此可知，人们的爱憎也会因时而变、因人而异。倘若不时时处处谨言慎行，那么危急就会随时而生、随处不在。

总之，说话做事的技巧有很多，有些掌握起来确实不容易，这就需要在长期的实践过程中，不断提高文化素养，培育高尚的道德情操，铸造宽以待人的心胸雅量，探求因势利导、因人而异的方式方法。如此这般，才能让自己有效地摆脱尴尬、减少麻烦、行稳致远！

资治通鉴篇

骄横埋下祸根

大家都知道，晋国是被韩、赵、魏所瓜分的。晋国本是春秋时代一个重要的诸侯国，曾经一度称为中原霸主。但早在春秋初期，晋国王室内部之间就展开了激烈的争斗。此时，晋国卿大夫的力量乘机渐渐地壮大起来，到后来，只剩下智氏、赵氏、韩氏、魏氏四家最大的卿大夫家族。这四家卿大夫分别是智瑶、赵襄子、韩康子、魏桓子，其中以智瑶的势力最大，他把持朝政，在处理晋国的政事上说一不二。

本领强、势力大，是好事，也是坏事，这就看各人的造化了：把握得好，自然会顺风顺水、日益兴旺；把握得不好，随着势力的增加，反而会灭亡得更快。智瑶虽然势力强大，但他没有把握好，因为他野心太大，而且骄横无理。这样，必然会招来别人的嫉恨，最终为自己埋下灭亡的祸根。

智瑶势力很大，但也很狂妄。他想侵占其他三家的土地，便以晋国国君的名义，逼迫他们交出土地。迫于他的淫威，韩康子、魏桓子就把土地献了出来，只有赵襄子不从。这可惹怒了狂妄自大的智瑶。于是，他联合韩、魏攻打赵。赵襄子寡不敌众，尽管困难重重，但他誓死抵抗，这样一对峙就是两年多。到了第三年，智瑶引晋水淹没了晋阳城，本已艰难度日的赵襄子可谓雪上加霜，他的手下都人心惶惶，形势非常危急。

按说，这个时候是智瑶取胜的关键时刻。如果他能够把握住这个时机，"宜将剩勇追穷寇"，那么胜利就会唾手可得，梦想就可以马上实现。但就是在这个关键的时候，智瑶狂妄自大的性格却表露无遗，他终究没有管住自己的嘴。他得意扬扬地说："我现在才知道水也可以使人亡国的呀！"此话一出，说者无心，但站在旁边的韩康子、魏桓子听着就不那么舒服了。他们想，你可以用水灭掉赵襄子，也可以用水灭掉我们的。不行，我们得早想办法，决不能做"人为刀俎、我为鱼肉"的事。恰在这个时候，赵襄子的谋臣赵孟谈来游说，他说，"臣闻唇亡则齿寒。今智伯帅韩、魏而攻赵，赵亡则韩、魏为之次矣"。就是说，我听说唇亡齿寒。现在智伯和你们一起攻打我们，赵灭亡之后，肯定就是你们了。此话说得在情在理，也正合韩、魏之意，因为这时的韩、魏本来就对智瑶怀有恐惧和不满之心。这样，赵、韩、魏三家一拍即合，于是他们联合起来攻打智瑶，智瑶输得一败涂地，最终被赵襄子所杀。

从《资治通鉴·周纪》记录的这段历史可以看出，智瑶覆灭的悲剧，固然有很多其他原因，但根本原因就在于他的骄横。

然而，在历史上骄横的人不止智瑶一个，战国时的庞涓就是一个"骄兵必败"的典型。公元前342年，魏将穰疵在南梁（今河南省汝州市西）和霍（今河南省汝州市西南）击退韩将孔夜的军队，韩昭侯派使者向齐国求救。齐威王采用田忌的计策，秘密与韩国使者达成协议，但没有立即派出援军援助韩国。而韩国自恃有齐国的援助，与魏国作战接连五次战败，不得不再次求救于齐国。军师孙膑又一次采用"围魏救赵"的战术，率军袭击魏国首都大梁，庞涓得知消息后急忙从韩国撤军返回魏国，这样就巧妙地化解了韩国之急。孙膑考虑到魏军自恃其勇，一定会轻视齐军，况且齐军也有怯战的名声，遂采用诱敌深入的战术，引诱魏军进入埋伏圈后加以歼灭。孙膑命令进入魏国境内的齐军第一天埋设十万个做饭的灶，第二天减为五万个，第三天减为三万个。庞涓行军三天查看齐军留下的灶后非常高兴，说："我本来就知道齐军怯懦，进入魏国境内才三天，齐国士兵就已经逃跑了一大半。"于是丢下步兵，只带领精锐骑兵日夜兼程追击齐军。孙膑估算庞涓天黑能行进至马陵，马陵道路狭窄，两旁又多是峻隘险阻，孙膑于是命士兵砍去道旁大树的树皮，露出白木，在树上写上"庞涓死于此树之下"，然后命令一万名弓弩手埋伏在马陵道两旁，约定"天黑能在此处看到有火光就万箭齐发"。庞涓果然当晚赶到砍去树皮的大树下，见到白木上写着字，于是点火查看。字还没读完，齐军伏兵万箭齐发，魏军大乱。庞涓自知败局已定，于是拔剑自刎。

按说，庞涓在此事上是吃过亏的，他应该吸取教训、谨慎行事才是。但他恰恰在这件事上又犯了糊涂，酿成错误，其根本原因还在于他的骄横轻敌的心理在作怪。人都会有弱点，有弱点并不可怕，可怕的是有了弱点不思改正，这就有了被人利用的机会，而这往往就是导致悲剧的深层原因。庞涓的悲剧难道不就是如此吗？

从智瑶骄横亡国、庞涓骄兵必败这些事上，我们似乎可以得到这样的启示：不管何时何地，做人做事切不可骄横跋扈、目中无人、肆无忌惮。特别是人在得意和得势的时候，一定要更加注意言行、小心谨慎、谦和友善，切不可盛气凌人、颐指气使，否则结怨太多，就会埋下祸根。做人如是，做事也是如此，任何时候都不能把事情做绝，要留有余地，充分考虑后果，做到未雨绸缪，这样才能行得更正，走得更稳。正所谓，谦恭致远，骄横必败！

学会高眼看人

　　人来到这个世界上，本无高低贵贱之分，所以任何人都不可轻视别人。对人高看一眼，于己损失不了什么，然而那些被你高看之人，他们的反应可就不一样了。这些人会对你忠心耿耿、死心塌地，竭尽全力地帮助你，甚至不惜为你牺牲生命。历史上，春秋时期的豫让就是这样的人。《资治通鉴·周纪》里就记录了他为智伯誓死效忠的故事。

　　豫让，是春秋时期晋国人，他曾经侍奉过晋国的权臣范氏和中行氏，但都没有得到重用。后来，他投靠智伯，智伯给了他很高的礼遇。豫让听说智伯被杀，就决心为智伯报仇。第一次，他化装成罪人，怀揣匕首，混到宫室的厕所里，准备行刺赵襄王，结果被人搜出。赵襄王感佩他的义举，就把他给放了。但豫让还是不死心。第二次，他又用漆涂身，把自己弄成一个癞疮病人，又吞下火炭，弄哑嗓音。赵襄子出行，豫让潜伏在桥下准备行刺，结果还是被发现了。这次赵襄王终究没有饶恕他，于是就杀了他。对此，《资治通鉴·周纪》中是这样描述的：智伯之臣豫让欲为之报仇，乃诈为刑人，挟匕首，入襄子宫中涂厕。襄子如厕心动，索之，获豫让。左右欲杀之，襄子曰："智伯死无后，而此人欲为报仇，真义士也。"乃舍之。豫让又漆身为癞，吞炭为哑。襄子出，豫让伏于桥下。襄子至桥，马惊；索之，得豫让，遂杀之。

　　那么大家就要奇怪了：豫让侍奉过很多人，为什么他会一而再、再而三地不惜牺牲自己的生命，单单只为智伯这么做呢？对这个问题，赵襄王也百思不得其解。于是，他就去问当事人豫让。豫让说："范氏、中行氏等人都把我当做普通人看待，我也就像普通人那样对待他们；而智伯却拿我当天下无双的人才，我也就像一个人才那样去报答他。"此话一语中的，确实说得很深刻，也确实说到了点子上，那就是，归根到底，是智伯高看了他。

　　由此，不禁让我们联想到历史上"结草衔环"的故事。

　　先说"结草"的故事。公元前594年七月，秦桓公出兵伐晋，晋军和秦兵在晋地辅氏（今陕西大荔县）交战，晋将魏颗与秦将杜回相遇，二人厮杀在一起，正在难分难解之际，魏颗突然见一老人用草编的绳子套住杜回，使这位堂堂的秦国大力士站立不稳，摔倒在地，当场被魏颗所俘，使得魏颗在这次战役中大败秦师。晋军获胜收兵后，当天夜里，魏颗在梦中见到那位白天为他结绳绊倒杜回的老人，老人说，当年，你没有让一个女子为你父亲陪葬，而是把她远嫁他乡，我就是那个女子的父亲。我今天这样做是为了报答你的大恩大德！原来，晋国大夫魏武子有位不能生育的爱妾。魏武子刚生病的时候嘱咐儿子魏颗说："我死之后，你一定要把她嫁出去。"不久魏武子病重，又对魏颗说："我死之后，一定要让她为我殉葬。"等到魏武子死后，魏颗没有把那爱妾杀死陪葬，而是把她嫁给了别人。

　　试想一想，如果魏颗真的按照他父亲的意思，把此女作了无辜的殉葬品，那么此女的父亲会这么冒着生命危险来帮助魏颗吗？我想不仅不可能，而且很有可能会给魏颗找一些麻烦，最终被草绳绊倒的，很可能不是杜回，而是魏颗。此女的父亲为什么要这样做呢？就是因为魏颗能够把普通的人当人看，充分尊重人的生命权，没有把她们看成是"卑妾""下人""奴仆"。正是魏颗高看了别人，别人才更加尊重他，才会在关键时刻出手相助。

　　再说"衔环"的故事。"衔环"典故见于《后汉书·杨震传》。杨震父亲杨宝九岁时，在华阴山

品读与感悟

北,见一黄雀被老鹰所伤,坠落在树下,为蝼蚁所困。杨宝可怜它,就将它带回家,放在箱中,给它喂饲黄花,百日之后的一天,黄雀羽毛丰满,就飞走了。当夜,有一黄衣童子向杨宝拜谢说:"我是西王母的使者,君仁爱救拯,实感成济。"并以白环四枚赠与杨宝,说:"它可保佑君的子孙位列三公,为政清廉,处世行事像这玉环一样洁白无瑕。"后来,果如黄衣童子所言,杨宝的儿子杨震、孙子杨秉、曾孙杨赐、玄孙杨彪四代官职都官至太尉,而且都刚正不阿、为政清廉,他们的美德为后人所传诵。

"黄雀"是弱小的,也是微不足道的,杨宝不救黄雀,也不会有任何人去责备,自己的良心也过得去。但杨宝救了"黄雀",一是因为同情心使然;再者是他"高看"了"黄雀",把黄雀看成是一个有生命的活物,在他的眼里,有生命的东西都是值得尊重的,都是值得呵护的。所以,黄雀最后赐予他"白环"四枚。当然,如果杨宝只因为黄雀是"西王母使者"的化身而救它,那么杨宝的品行、动机又值得怀疑了。所以,任何时候做好事,其目的性不能太强,否则会适得其反;"高看一眼"要出于自觉,切不可装腔作势,否则也会事与愿违。

"士为知己者死,女为悦己者容。"豫让的行为似乎有点愚忠的味道,西王母使者授予杨宝"白环"，似乎也有点唯心的感觉，但我们可以吸取其中的精华，剔除其中的糟粕。当然，豫让、杨宝的故事也告诉我们，在日常的生活工作中，我们切不可轻慢任何一个普通的人、任何一个弱小的动物、任何一件微不足道的事，在你身处逆境、遇到挫折、困难缠身的时候，帮助你的可能正是这些不起眼的人和事。对那些无才无德之人，我们尽可以远离之；对一些弱小的群体，应该及时伸出援助之手，力所能及地去帮助他们；对于德才兼备之人，要尽量器重他、使用他，给予他更大的舞台和责任，使他能无限地施展自己的才能。这样，他才会对你的知遇之恩感激不已，就会竭尽全力地帮助你，关键时候还会为你牺牲一切，甚至生命。豫让以死尽忠，不正是说明了这个道理吗？

之三 辩证看待嫉妒

待人处事,最忌嫉妒。但对于"嫉妒",也要辩证地去看,"嫉妒"的态度不同,结果会迥异。

有的人嫉妒别人,看到别人比自己强,就总想着用见不得人的手段,让别人倒霉、失意,竭尽所能压制别人,以赢得自己的上位,达到不可告人的目的。有些人通过不正当的手段,确实达到了自己的目的,但更多的人,命运和结局都不是很圆满,有的甚至"搬起石头砸自己的脚"。历史上,庞涓对孙膑的嫉妒大体属于此类。

庞涓和孙膑本是同学,同在鬼谷子名下学习兵法。后来,庞涓在魏国做了将军,自知才能不如孙膑,便将孙膑邀请到魏国,设计砍断了孙膑的双脚,又在他的脸上刺字,企图让他成为一个废人。["孙膑与庞涓俱学兵法。庞涓仕魏为将军,自以能不及孙膑,乃召之。至,则以法断其两足而黥之,欲使终身废弃。"(《资治通鉴·周纪》)]

常言道，是金子总是会发光的。孙膑的才能被齐国的使者发现后，齐使者悄悄地把孙膑运到了齐国。（"齐使者窃载与之齐。"）齐国大臣田忌把他奉为上宾，又将他推荐给齐威王。（"田忌善而客待之，进于威王。"）孙膑为齐威王出了"围魏救赵"的计策，一举打败了庞涓率领的魏军。后来，魏国攻打齐国，孙膑准确把握庞涓和魏兵骄傲轻敌、急于求成、轻兵冒进的特点，又设计诱敌深入，大败魏兵于马陵，庞涓也死于此地。

试想一下，如果当时庞涓没有嫉妒孙膑的才能，而是两人联手经营魏国，那么，魏国的实力也绝不至于削弱得那么快，中原的霸主地位也绝不会丧失得那么迅速。庞涓悲惨地死于马陵，孙膑反而能旗开得胜，赢得世人的称道和赞誉，两相比较，孰是孰非、孰轻孰重，一目了然。

再说秦国的白起。白起本是秦国的功臣，但却在残酷的权力斗争中成了牺牲品，为什么？就是因为范雎的嫉妒。据《资治通鉴》记载，因担心秦国统一后，白起的职位比自己高，范雎遂起嫉妒之心，千方百计阻挠白起建功立业。白起的一些正确建议本可以免除秦国的一些灾难，但就是因为范雎的嫉妒心和秦王的固执，使秦国吃了很多败仗，受到了很大损失。最后，一代名将白起只落得官职被贬、逐出咸阳、被迫自刎的局面。我们为白起感到惋惜，但更痛恨那些为了自己的利益而徒生嫉妒之心的范雎之流。

事实证明，不管你对别人做了什么，这些报应最后都会回到你身上，这就是因果规律。嫉妒别人，只能害了自己。莎士比亚说过："你要留心嫉妒啊，那是一个绿眼的妖魔！"的确，人一旦有了嫉妒心，就会像着了魔一样，很多事情都不会去考虑，很多后果都不会去顾及。

清朝雍正年间有个白泰宫，是当时八大武术家之一。他成亲后因故离家多年，一直浪迹江湖。有一次回乡途中，他恰巧遇到个小孩正对着一块大石头练功，掌到之处，火光四溅。白泰宫心想："我家乡竟有这样的小孩，现在武功就如此了得，长大后肯定超过我。"在强烈嫉妒心的驱使下，他竟一掌把孩子打死了。在断气之前，孩子只说了一句："我爹爹白泰宫一定会找你报仇！"白泰宫一听，如五雷轰顶，方知杀的是自己儿子，但悔之晚矣。

这件事就进一步说明，恶意嫉妒别人，实际上是一种愚痴之举。试想一下，你再怎么诅咒别人，再怎么恶意地嫉妒别人、贬损别人，也无法改变别人的一丝一毫，反而会大大损耗你的德行。时代在发展，社会在进步，人们的素质在提高，在当今如此发达、如此开明、如此包容的社会里，但愿这些损人不利己的事少些、少些、再少些，但愿类似庞涓、白起、白泰宫等人的悲剧不会再发生！

当然，还有另外一种"嫉妒"的态度，不仅不应该唾弃，而且还应该提倡。有些人明知自己不如人，但他却很有自知之明，从不会去蓄意害人，而是暗地里加倍努力，通过自己勤奋刻苦的奋斗，向身边的"高人"看齐，力争与他们齐头并进，并争取用实绩去赶超他们。如果抱着这样的"嫉妒"态度，那就很值得点赞了。因为这样的"嫉妒"，不是此消彼长、你死我活的"嫉妒"，而是相互激励、相互提高。这样的"嫉妒"又何乐而不为呢？

所以，我们无论身处何地、身居何位，都应该多看别人的长处，多学别人的优点，切不可做见不得人的嫉妒之事。对别人的不足，要多一些宽容和谅解，多一些帮助和提醒。这样做，别人可以进步，自己也可以心安理得、心情舒畅地工作生活。这于人于己该是多么美好的事情啊！

之四 多舍必然多得

《资治通鉴·周纪》里讲述了一个故事:有一次,楚国大规模侵略齐国,齐威王派淳于髡(kūn)到赵国去搬救兵,可是让他随身带去的礼品却很少。淳于髡虽然觉得很可笑,但也不便直接说出来,他只得用隐喻的办法去提醒齐威王。他说:"今者臣从东方来,见道傍有穰田者,操一豚蹄,酒一盂,祝曰'瓯窭满篝,污邪满车,五谷蕃熟,穰穰满家'。臣见其所持者狭而所欲者奢,故笑之。"什么意思呢?就是说,刚才我来的时候,看到路边有个老农,他拿着一个猪肘子和一杯酒,祭奉田神,说:"求田神保佑我五谷丰登,粮食满仓,装都装不下!"我看他想得那么多,而拿出来的又那么少,所以才笑他。齐威王是个聪明人,一听便知他的弦外之音,于是就把礼品的数量增加了十几倍。果然,赵国国君对礼物很满意,便借给齐国大批兵马。

给予别人,自己也会得到丰厚的回报;给予别人的越多，自己收获的就会更多。聪明的齐威王正是因为舍得拿出数量可观的礼品，才如愿得到了"大批兵马"。这个故事确实耐人寻味、引人深思。

由此，我们也想到了民间流传的一个关于"舍得"的故事：

有两个人离开阳界，来到了阴界，战战兢兢地站在阎王爷前等待发落。阎王爷拿起"功过簿"翻了翻，说："你们俩在世时没有做过什么坏事，准许转世仍然为人。"这两个"人"听说转世为人，非常高兴。"不过，"阎王爷又说了，"有两种人间生活，供你们选择。一种是'舍'，一种是'得'。'舍'就是放弃，付出。'得'就是索取，得到。"其中的一个想，"得"好啊！别人都给予我。手一举说："阎王爷，我要过'得'的生活。"阎王爷看一看另一个，说："你只好过'舍'的生活了，要放弃，要付出。"另一个说："只要能转世为人，我愿意。"阎王爷嘿嘿一笑，说："好了，你俩投胎转世为人去吧！"

于是这两个阴界的"人"，又成为阳界的人。一个过上了"舍"的生活，一个过上"得"的生活。先说"得"的生活，他一门心思想的是索取、得到，别人都毫不吝啬地给予他，最后他变成了乞丐。那么，"舍"的生活呢？他选择的是放弃、付出，平时总是乐善好施，最后他经过不懈奋斗成功地变成了富人。

从这些故事中我们不难看出，"舍"和"得"既是对立的，又是统一的，我们必须辩证地看待"舍"和"得"。只有舍才能得，舍得多才能得得多，从某种意义上说，舍就是得，得就是舍。有些人舍不得、放不下，最终一无所获，而且郁郁寡欢；有些人宁愿自己一无所有，也要尽其所能帮助别人，结果交到的朋友很多，留下的后路千万条。赵国国君之所以能够借给齐国兵马，正是因为齐国送给赵国的礼物非常厚重。如果齐国斤斤计较、小里小气，那只能是淳于髡所说的"所持者狭而所欲者奢"，其结果就是"故笑之"了。又比如，乱世枭雄张作霖就是一个挥金如土、豪迈义气之人，他关键时刻能授人以金银财宝，给人以无偿帮助，最终他得到了朋友。

利益让大家共享，好处让大家共沾，得到的才是大家的两肋插刀、鼎力相助。我们不一定提倡"重赏之下必有勇夫"，但必要的付出、彼此的尊重、危难之中的互助，都是暖心的"给予"，这样的给予和付出，从长远看，是非常值得的。做人做事何不一试呢！

之五 做官应有骨气

人们常说，无官一身轻。其实，做官也应一身轻。这里说的"轻"，当然不是浑浑噩噩、无所作为，做一天和尚撞一天钟；而是说如果我们要谋取一官半职，就要凭自己的真才实学，千万不要因为受到某些人的恩赐，而终身为官职所累、为人情所困。为官做事，一定要干干净净、坦坦荡荡，不因担心失去官职而忧心忡忡，不因损人利己而惶惶不可终日。"有官"不任性，"无官"不烦恼，不因得不到自己理想中的官位而愁眉苦脸、悲天悯人，甚至郁闷成疾。

做官应有骨气。能做官则好好担当，争取有番作为，决不枉占其位、空有其名、一事无成；倘若做不了官，也要自得其乐，活出自己的乐趣，得到一身轻松、一种自在、一派潇洒。在这点上，都应当多学点庄子的逍遥之道啊！

庄子是战国时期道家学派的重要人物，他出身于一个没落的小贵族家庭,曾做过蒙国的漆园小吏,同时他与楚威王有过密切的往来关系。按说,拥有这样的条件,升官发财应该不在话下。但物我两忘的庄子却不以为然,"做官"对他来说,好像没有丝毫的诱惑。楚威王听说庄周很有贤名,就派遣使者带着厚礼前去迎聘,许诺给他楚国的国相之位。然而庄周却笑着说:"千金,很贵重的礼品;国相,显贵的地位。但是您难道没有看到郊祭时被杀死的牛吗?被人饲养了几年之后,就要被披上文彩绣衣,拉进太庙被杀掉。在那个时候,就算它想当一个没有人看管喂养的野猪也不能了。您还是赶紧走吧,不要在这里污辱我的名声了。"["千金,重利;卿相,尊位也。子独不见郊祭之牺牛乎?养食之数岁,衣以文绣,以入大庙。当是之时,虽欲为孤豚,岂可得乎?子亟去,无污我。"(《资治通鉴·周纪》)]庄子一生把"骨气"看得比"做官"更重,这一点就足以让人高山仰止、敬佩之至!

说到此,不得不提及"不为五斗米折腰"的陶渊明。

东晋后期的大诗人陶渊明,是名人之后,他的曾祖父是赫赫有名的东晋大司马。年轻时的陶渊明本有"大济于苍生"之志,可是,在国家濒临崩溃的动乱年月里,陶渊明的一腔抱负根本无法实现。

加之他性格耿直,清明廉正,不愿卑躬屈膝攀附权贵,因而和污浊黑暗的现实社会发生了尖锐的矛盾,产生了格格不入的思想。为了生存,陶渊明最初做过州里的小官,可由于看不惯官场上的那一套恶劣作风,不久便辞职回家了。后来,为了生活他还陆续做过一些地位不高的官职,过着时隐时仕的生活。陶渊明最后一次做官,是义熙元年(405年)。那一年,已过"不惑之年"(四十一岁)的陶渊明在朋友的劝说下,再次出任彭泽县令。有一次,县里派督邮来了解情况。有人告诉陶渊明说:那是上面派下来的人,应当穿戴整齐、恭恭敬敬地去迎接。陶渊明听后长长叹了一口气:"我不愿为了小小县令的五斗薪俸,就低声下气去向这些家伙献殷勤。"说完,就辞掉官职,回家去了。陶渊明当彭泽县令,不过八十多天。他这次弃职而去,便永远脱离了官场。

此后,他一面读书为文,一面从事农业劳动。后来由于农田不断受灾,房屋又被火烧,家境越来越贫困。但他始终不愿再为官受禄,甚至连江州刺史送来的米和肉也坚拒不受。朝廷曾征召他任著作郎,也被他拒绝了。后来,他在贫病交加中离开人世。陶渊明因"不为五斗米折腰",而获得了心灵的自由,获得了人格的尊严,写出了流传百世的诗文。

在为后人留下宝贵文学财富的同时，也留下了弥足珍贵的精神财富。他因"不为五斗米折腰"的高风亮节，成为中国后代有志之士的楷模。

想当年，凭陶渊明的背景、能力和水平，是完全可以当官的，实际上他也有了"当官"的经历，但他想当的是为官一任、造福一方的好官，而不是随波逐流、以权谋私的庸官，所以最后他不愿同流合污，以自己的铮铮骨气铸就了高尚品德，维护了良好名声。虽然他因贫困交加而死，但他的精神永远被人称道。然则回过头来想一想，有些人不惜一切手段，一门心思想当官，当了小官谋大官，最后终究把持不住自己，自我私欲膨胀，以致走上违法乱纪的邪路，落得受人唾弃、遭人指责的下场。这些人不仅失去了应有的"骨气"，而且丢掉了日积月累的"名声"，岂不痛哉？

之六 团结友爱最怡人

战国初期的墨子创立了墨家学派,他的"兼爱"思想为世人所推崇。司马光在《资治通鉴》里,用大量的篇幅叙述了墨子的思想,他对墨子提出的"尚贤""尚同""兼爱""非攻""节用"等主张是非常肯定的。这些思想,对我们营造团结友爱的和谐气氛,是很有帮助的。

墨子曰:"故圣人以治天下为事者,恶得不禁恶而劝爱?故天下兼相爱则治,交相恶则乱。"意思是说,圣人既然以治理天下为己任,怎么能不禁止人的互相仇恨而不劝导彼此相爱呢?所以,天下人能彼此相爱才会太平,互相仇恨就会混乱。此话说得很深刻,对我们也很有启发:一个国家、一个地区、一个单位要顺利发展,就必须始终营造团结友爱的合作氛围。要做到这一点,至少应该注意四个方面:

一是要海纳百川、宽容大度。大海宽容,就能容纳小溪;人有宽容之心,就能群贤毕至。因此,要容忍别人犯错,容许别人挑战自己的权威,不要斤斤计较、锱铢必究,动不动就给人扣"帽子",穿"小鞋"。

二是要相互信任、团结协作。顺境时要做到,遇到困难和问题时更应相互信任、相互帮衬,切不可互相猜忌、相互拆台。信任比黄金更重要。有什么意见建议,或者不满情绪,都要摆在桌面上,千万不能打肚皮官司,以讹传讹、以谣传谣,导致大家都不愉快,最终分道扬镳。

其实,从很多故事中都可以看到团结协作的重要性。一个故事讲到在上帝创造了人类后,随着人类的增多,上帝开始担忧,他怕人类不团结,会造成世界大乱,从而影响他们稳定的生活。为了检验人类之间是否具备团结协作、互助互帮的意识,上帝做了一个试验:他把人类分为两批,在每批人的面前都放了一大堆可口美味的食物,但是,却给每个人发了一双细长的筷子,要求他们在规定的时间内,把桌上的食物全部吃完,并不许有任何的浪费。比赛开始了,第一批人各自为政,只顾拼命地用筷子夹取食物往自己的嘴里送,但因筷子太长,总是无法够到自己的嘴,而且因为你争我抢,造成了食物极大的浪费,上帝看到此,摇了摇头。轮到第二批人类开始了,他们一上来并没有急着要用筷子往自己的嘴里送食物，而是大家一起围坐成了一个圆圈，先用自己的筷子夹取食物送到坐在自己对面人的嘴里，然后，由坐在自己对面的人用筷子夹取食物送到自己的嘴里，就这样，每个人都在规定时间内吃到了整桌的食物，并且丝毫没有造成浪费。第二批人不仅享受了美味，而且还获得了更多彼此的信任和好感。上帝看后，点了点头。于是，上帝在第一批人类的背后贴上五个字，叫利己不利人；而在第二批人的背后贴上另外五个字，叫利人又利己！这个故事启示我们：人之相处，要多做"利人又利己"的事，少做"利己不利人"的事。

另外，还有一个民间广为流传的故事，可能更能说明团结协作的深刻道理。古时候，一个家庭里的三兄弟不和，外人见笑。年迈的母亲看着儿子们像一盘散沙，心急如焚，赶紧把儿子们召集起来开会。会上，母亲拿出一大把筷子，先是分给每个儿子每人一根筷子，让他们折，结果个个都轻易折断了；然后，母亲拿出十根捆绑在一起的筷子，再让他们逐个折，这下谁也没折断。大家这才恍然大悟，明白了只有团结在一起，才会产生无穷的力量。从此，兄弟一笑泯恩仇。

三是要将心比心、崇尚兼爱。就是墨子提出的无差别的爱。正如墨子所说，"如果把父母、兄弟以及君王看作自己本身，那又怎么会不孝敬呢？如果把自己的儿子、女儿以及臣子看作自己本身，又怎么能对他们不仁慈呢？把别人的家看成自己的家，谁还会去偷呢？把别人看成是自己本身，谁还会去抢劫别人呢？把别人的家园看成是自己的家园，谁还会去兴风作乱呢？把别的国家看成是自己的国家，谁还会去进攻他国呢？所以说，如果大家互相友爱，那么天下就太平了，如果互相攻讦，那么天下就会纷乱"。这就告诉我们，人与人相处，都要相互谦让，都要怀着真诚、善良之心；要学会换位思考，始终怀着"老吾老以及人之老，幼吾幼以及人之幼"的博大胸怀，千万不能相互攻击、相互诽谤、相互排斥。如果长期在"交相恶"的环境中工作、生活，不仅无益于彼此的身心健康，而且还会把整个环境搞得乌烟瘴气。那些有意制造不团结、不和谐的人，就不应该存在于集体之中，只适应于永远生活在自我封闭的小天地里。

四是要尊崇制度、循规蹈矩。"没有规矩不成方圆。"有些人做人做事本无恶意，但因为规矩意识不强，自然天马行空、我行我素，无形之中也会伤及他人，影响整个集体的团结协作。这就需要以完善的制度做保障，有效地约束人不逾矩、不违纪，不触底线、不碰红线，只有风清气正，才能保证团结的可持续性。

之七
改革应积极稳妥

改革是推动发展的关键之举,但改革既要积极,又要稳妥。

"积极",就是看准了的,就不能犹豫不决、瞻前顾后。想当年,赵武灵王进行"胡服骑射"的改革,不少大臣坚决反对。但其中一个大臣肥义说,"要办大事不能犹豫,犹豫就办不成大事。大王既然认为这样做对国家有利,何必怕大家讥笑?"赵武灵王说:"愚者所笑,贤才察焉。"意思是说,我看讥笑我的人是愚蠢人,明理的人都会赞成我。所以,赵武灵王对"胡服骑射"的改革,尽管阻力重重,但始终没有改变初衷。这项改革的推进,让赵国迅速强大起来,成为对抗强秦的重要力量。

当然,提到改革,就不能不提到商鞅变法和王安石变法。商鞅是坚定的改革派,秦孝公也很赏识他,支持他采取了许多变法措施。在这些措施的实施过程中,虽然也遇到了很多阻力,但是他坚信这些新法对国家的发展是有利的，所以即使面临重重压力，他也能力排众议，并且以"城门立柱"的方式推行新法的实施。果然，新法施行十年后，确实起到了很大的作用，"秦民大悦""乡邑大治"，原来落后的秦国变了样。

王安石变法是宋神宗时期，王安石发动的旨在改变北宋建国以来积贫积弱局面的一场社会改革运动。王安石变法以发展生产、富国强兵、挽救宋朝政治危机为目的，以"理财""整军"为中心，涉及政治、经济、军事、社会、文化各个方面，是中国古代史上继商鞅变法之后又一次规模巨大的社会变革运动。变法一定程度上改变了北宋积贫积弱的局面，充实了政府财政，提高了国防力量，对封建地主阶级和大商人非法渔利也进行了打击和限制。

商鞅、王安石等改革者之所以能够为人称道、千古留名，正是因为他们都能以积极主动的进取精神和顺势而为、因势而谋的大智慧，推进了时代前进的步伐。实践证明，坚定不移地推进改革，必须有强烈的担当精神和非凡的勇气与智慧。那种坐井观天、不思进取、坐享其成、害怕改革，瞻前顾后、裹足不前的做法，都是不可取的。

"稳妥"，就是要因时因势而动，充分考虑经济社会发展状况、周围的环境、人们的承受能力等等影响改革的因素。切不可一意孤行、我行我素、背道而驰，那种想当然地做一些事，"推进了改革，孤立了自己"的做法，是万万不可取的。商鞅变法在秦孝公的大力支持下，取得了很大成功。但商鞅推行改革的一些做法是值得商榷的。他为人刻薄寡恩，在变法中触犯了许多保守势力的利益，还把秦国的太子也得罪了。秦孝公死后，商鞅逃往他国，但不被接受，最终被秦惠王五马分尸，其命运可悲可叹！王安石变法由于部分举措的不合时宜和实际执行中的不良运作，也造成了百姓利益受到不同程度的损害（如保马法和青苗法），加之新法触动了大地主阶级的根本利益，所以遭到他们的强烈反对。元丰八年（1085年），这场改革因宋神宗去世而告终。

为什么一代功臣商鞅会落得如此下场？为什么王安石变法会有始无终、半途而废？就是因为他们的改革没有充分考虑周围的环境，没有把以人为本的思想贯穿到改革的各个环节之中。这样做，改革虽然取得了很大成就，但最后却脱离了现实、孤立了自己。这种做法是不可取的，我们应该引以为鉴。

相比之下，赵国的赵武灵王就聪明得多。他提倡的"胡服骑射"的改革，开始大家也都不理解、不支持，后来，他率先穿起胡服，并做通了关键人物（他叔叔）的思想工作，结果改革推进得相当顺利,"胡服骑射"的改革被大家普遍接受。由此可见,改革必须符合最广大民众的根本利益,要千方百计赢得大多数人的支持,特别是一些关键人物的支持。如果改革仅仅让少数人得利,那么改革必定是短命的,改革者只能成为孤家寡人,最后不仅改革的目的难以达到,而且还会损害各方的利益,重者甚至会身败名裂。

"胡服骑射"改革的成功,"商鞅变法"后商鞅的人生悲剧,两者形成了鲜明的对照。改革者,应该担当,但更应慎行!

之八 盲目决策后患无穷

　　历史上有名的长平之战，以赵国失败、秦国大胜而告终。许多人将长平之战的失败归咎于纸上谈兵的赵括，但真正将赵国的军事优势毁于一旦的是赵国的最高决策者赵王。

　　为什么这么说呢？看看当时面临的危机和赵王的决策，其答案就一目了然了。当时，秦军集中兵力攻下韩国的上党郡后，又转而攻打赵国。赵国在长平设防，派老将廉颇抵御秦军。廉颇作战经验丰富，老谋深算，他见秦军势力强大，就命令军队坚守营寨，严阵以待。秦军久攻不下，便施行反间计。他们故意放出风来，说秦国最害怕赵国的将军赵括，廉颇倒是很容易对付。这时，考验的就是最高决策者了。可惜脑子不清醒的赵王竟听信了这样的传言，加之平时他对廉颇又有些不满，于是他毅然决定临时换将、调回廉颇，任命只会纸上谈兵的赵括为统帅。这可正中秦国的下怀，他们重用名将白起，把没有经验、只知蛮干的赵括打得根本没有还手之力，赵括也在混战中被射杀。长平一战，主帅战死，四十五万赵国士兵被斩杀，赵国彻底丧失了与强秦抗衡的实力。如此看来，难道说赵国之败不正是因为赵王的决策失误吗？

决策失误必然导致事倍功半、前功尽弃，而做事盲目也很容易被人利用，成为阴谋的牺牲品。民间传说中的"好斗的竹鸡"就是如此。竹鸡生性好斗，一碰见自己的同类，必要拼个头破血流。聪明的猎人就利用竹鸡爱打斗的性格来捕捉竹鸡，他们在树林里将落叶堆成窠巢，把引诱竹鸡的诱饵鸡放在里面，然后张开网，在树后隐藏起来。诱饵鸡被猎人困在里面，只有高声鸣叫。野外的竹鸡一听见有打架的对象了，连忙闻声飞来，闭上眼睛，昂头冲进窠巢就要决斗。说时迟，那时快，网起处，没有一只竹鸡能够逃脱。

从赵国的失败和竹鸡的结局中，我们似乎可以得到这样的启示：任何决策都需要慎重，关键时刻的决策更要头脑清醒，急躁冲动、盲目决策必定后患无穷。

那么，正确的决策从何而来？

正确的决策来自对形势的准确判断。形势是瞬息万变的，机遇稍纵即逝，稍有不慎，就会导致灾难性的后果。红军长征之所以能够多次化险为夷，突出重围，就是因为有以毛泽东同志为首的红军指挥员准确地判断各种复杂形势，因地制宜制定战略战术，创造了四渡赤水出奇兵、巧渡金沙江、过雪山草地等军事奇迹，成功地摆脱了国民党的围追堵截，取得了二万五千里长征的最后胜利。如果当时红军一味按照李德、博古的指挥办法，一味听命共产国际不切实际的指挥，照抄照搬苏联的一些做法，可能早就被国民党消灭在长征途中了。因此，决策者一定要善于吸取集体的智慧，多一些瞻前顾后，切不可自以为是，"拍脑袋做决策"，不顾客观实际盲目冒进。但同时，又不能犹犹豫豫，错失良机，只有始终抱着既理智、又清醒的态度，审时度势，灵活机动，才能不被复杂的形势所迷惑，才能真正做到"运筹帷幄之中，决胜千里之外"。

正确的决策要用合适的人来执行。决策再好，如果用人不当，照样执行不力，或者执行出现偏差。长平之战的失利，从某种程度上说，就是赵王用人不当的结果。所以，用合适的人去做合适的事，这样才能取得预想的效果。

领导者决策，都当以赵王为戒！

之九 敢于表现也是美德

人们常说，"是金子总会发光""酒香不怕巷子深"。但倘若金子不被及时挖出来，长期被埋在地下，它就永远不会见诸人世，释放出其应有的光泽；陈年老酒即使再醇香，如果不去宣传，不被人品尝，也只能是孤芳自赏。人才也是如此，倘若你真是人才，如果长期不被发现、不被重用，即使你有天大的才能，也会因为缺乏伯乐的慧眼而无用武之地。如果这样，对于真正的人才来说，那就太可惜了。这时，"毛遂自荐"就不失为一个很好的办法。当然，"毛遂自荐"是需要条件的。

条件之一，自身要有勇气。如果知道自己有才，但整日关门闭户、怨声载道，那你只能在怨天尤人中空度时光。与其如此，不如鼓起勇气，自我推荐。想当年，赵国的丞相平原君，奉命谋求与楚国合纵抗秦。他准备挑选门下食客中文武双全的二十人一起前往，但最终只挑了十九个，剩下的他都觉得不行。这时门下食客中有个叫毛遂的人，径自走到前面来，向平原君自我推荐说："我听说您要到楚国去，让楚国做盟主订下合纵盟约，并且约定与门下食客二十人一同去，人员不到外面寻找，现在还少一个人，希望您就拿我充个数一起去吧。"平原君问道："先生寄附在我的门下到现在有几年啦？"毛遂回答道："到现在整整三年了。"平原君说："有才能的贤士生活在世上，就如同锥子放在口袋里，它的锋尖立即就会显露出来。如今先生寄附在我的门下已三年了，我的左右近臣们从没有称赞推荐过你，我也从来没听说过你，这是先生没有什么专长啊。先生不能去，先生留下来。"毛遂说："我今天请求你把我这锥子放在口袋里吧。假使我早就被放在口袋里，整个锥锋都会脱露出来的，不只是露出一点锋尖就罢了的。"就这样，毛遂就跟上了游说的队伍。试想，如果毛遂自己没有一定的勇气和胆识，他胆敢在平原君面前肆无忌惮地说出这些话吗？如果他不说出这些话，始终是个"闷葫芦"，那他能够脱颖而出吗？所以，如果仅有才能，而没有自信和勇气，那么才能永远都会被埋没。

条件之二，确有真才实学。有些人确实善于自我推销、自我表现，但自己所说的和实际能力相差甚远。得到别人的赏识、谋得一官半职之后，却难以胜任其职，耽误了一方的事业、祸害了一方的百姓。这样的"自荐"还是少些为妙。有些人"毛遂自荐"，确有真才实学、真招实招，最终能够赢得大家的认可。毛遂就是如此。平原君与楚王谈判订立合纵盟约的事，再三陈述利害关系，从早晨就谈判，直到中午还没决定下来，同去的十九人都没有什么好办法。于是有人就鼓动毛遂说："先生登堂。"于是毛遂紧握剑柄，一路小跑地登阶到了殿堂上，便对平原君说："谈合纵不是'利'就是'害'，只两句话罢了。现在从早晨就谈合纵，到了中午还决定不下来，是什么缘故？"楚王见毛遂登上堂来就对平原君说："这个人是干什么的？"平原君回答说："这是我的随从家臣。"楚王厉声呵斥道："怎么还不给我下去？我是跟你的主人谈判，你来干什么？"毛遂紧握剑柄走向前去说："大王敢呵斥我，不过是依仗楚国人多势众。现在我与你相距只有十步，十步之内大王是依仗不了楚国的人多势众的，大王的性命控制在我手中。我的主人就在面前，当着他的面你为什么这样呵斥我？况且我听说商汤曾凭着七十里方圆的地方统治了天下，周文王凭着百里大小的土地使天下诸侯臣服，难道是因为他们的士兵多吗？实际上是由于他们善于掌握形势而奋力发扬自己的威力。如今楚国领土纵横五千里，士兵百万，这是争王称霸所凭借的资本。凭着楚国如此强大,天下谁也不能挡住它的威势。秦国的白起,不过是个毛孩子罢了,他带着几万人的部队,发兵与楚国交战,第一战就攻克了鄢陵、郢都,第二战烧毁了夷陵,第三战便使大王的先祖受到极大凌辱。这是楚国百世不解的怨仇,连赵王都感到羞耻,可是大王却不觉得羞愧。合纵盟约是为了楚国,不是为了赵国。我的主人就在面前,你为什么这样呵斥我?"听了毛遂这番话,楚王立即改变了态度说:"是,的确像先生所说的那样,我一定竭尽全国的力量履行合纵盟约。"毛遂进一步逼问道:"合纵盟约算是确定了吗?"楚王回答说:"确定了。"于是毛遂用带着命令式的口吻对楚王的左右近臣说:"把鸡、狗、马的血取来。"毛遂双手捧着铜盘跪下,把它进献到楚王面前说:"大王应先吮血以表示确定合纵盟约的诚意,下一个是我的主人,再下一个是我。"在毛遂的坚持下,楚王、平原君和毛遂三人为合纵之事歃血为盟。看来,毛遂虽然有点冒失,但确有真才实学和超人的胆识,这样的人就不应该被埋没,就应该多发现、多重用才是!

条件之三,上司要有眼光和雅量。有些上司一听说别人"自荐",总觉得他们心术不正、目的不纯、不怀好意。对这些"自荐"之人,不仅不正眼相看，而且还留下不好的印象，自然，"自荐"之人最终就不会有什么好结果。而有些上司，对那些敢于自荐的人，就不会先入为主，总是以容人的雅量给他们一些机会，让他们在实践中展露自己的才华。平原君对待毛遂就是如此。正因为平原君给了毛遂机会，才能使他崭露头角、为国建功；正因为毛遂的不俗表现，才使平原君深感自责、态度速变。回到赵国后，平原君总是说，"我观察识别人才多说上千，少说几百，自认为不会遗漏天下的贤能之士，现在竟然把毛先生给漏下了。毛先生一次到楚国，就使赵国的地位比九鼎大吕的传国之宝还尊贵。毛先生凭着他那一张能言善辩的嘴，竟比百万大军的威力还要强大。我不敢再观察识别人才了。"于是把毛遂尊为上等宾客。这不能不说是"勇气"和"雅量"的完美结合，是发现人才、重用人才的千古佳话。

有才有志的人们，不要总是等着别人去推荐，勇敢地站出来吧，"蜗居"终究不是良策，也不是归宿。"毛遂自荐"告诉我们，敢于表现也是一种美德！

之十
得失不在一时

世人都在乎得失，但得失不在一时。看待得失，不能只看眼前，必须着眼长远。《资治通鉴》中记载的"李牧却敌"的故事，就给我们这样的启示。李牧对待匈奴，先是以观察为主，表现出一副胆怯的样子。长期的忍耐使赵王对他表现出了不满的情绪，甚至有些发怒了。后来，赵王调整李牧，让别的将领代他戍边。这个将领虽然积极勇敢，但总是打败仗。最后万不得已，赵王不得不再次启用李牧。李牧经过多年的经营，看到出击的时机已到，就组织兵马对匈奴进行还击，结果大败匈奴，以致匈奴"此后十余岁，不敢近赵边境"。

李牧的所作所为，是"得"还是"失"？从短期来说，李牧不盲目出兵，以致引起赵王的愤怒，最终调整他，这应该是"失"；但从长远看，通过他的行为，最终让赵王认可了他的所作所为，以至保住了赵国的长久安稳。李牧以个人的一时之"失"，保住了国家的安稳之"得",这不能不说是李牧的精明之处,也是国家的幸运之所在。

　　李牧的精明挽救了国家,战国时期塞翁的豁达、精明和理智,却挽救了一个家庭。塞翁养了许多马,一天马群中忽然有一匹马走失了。邻居们听到这事,都来安慰他不必太着急,年龄大了,多注意身体。塞翁见有人劝慰,笑笑说:"丢了一匹马损失不大,没准还会带来福气。"邻居听了塞翁的话,心里觉得好笑。马丢了,明明是件坏事,他却认为也许是好事,显然是自我安慰而已。可是过了没几天,丢的马不仅自动回家,还带回一匹骏马。邻居听说马自己回来了,非常佩服塞翁的预见,向塞翁道贺说:"还是您老有远见,马不仅没有丢,还带回一匹好马,真是福气呀。"塞翁听了邻人的祝贺,反而一点高兴的样子都没有,忧虑地说:"白白得了一匹好马,不一定是什么福气,也许会惹出什么麻烦来。"邻居们以为他故作姿态纯属老年人的狡猾。心里明明高兴,有意不说出来。塞翁有个独生子,非常喜欢骑马。他发现带回来的那匹马顾盼生姿,身长蹄大,嘶鸣嘹亮,剽悍神骏,一看就知道是匹好马。他每天都骑马出游,心中扬扬得意。一天,他高兴得有些过火,打马飞奔,一个趔趄,从马背上跌下来,摔断了腿。邻居听说,纷纷来慰问。塞翁说:"没什么,腿摔断了却保住了性命，或许是福气呢。"邻居们觉得他又在胡言乱语。他们想不出，摔断腿会带来什么福气。不久，匈奴大举入侵，青年人被应征入伍，塞翁的儿子因为摔断了腿，不能去当兵。入伍的青年都战死了，唯有塞翁的儿子保全了性命。

"塞翁失马"的故事，想必人人都知道，但懂得其中深奥道理的人，就不一定很多了；能够充分理解"得就是失，失就是得"的道理，而且能够活学活用的人，就更是寥寥无几了。而一旦懂得了这些道理，那将会受益无穷。所以，我们看"得""失"之间的关系，一定要辩证地、全面地、客观地看，千万不能孤立地、片面地、静止地看。"得"与"失"是相对的，一时的"得"可能会获得很多，但如果因一时之"得"而有长久之"失"，那就得不偿失了。"得"和"失"不是固定不变的，它会随着时间和形势的变化而变化。"得就是失，失就是得"的道理，不是每个人都能明白的。但愿每个人都能从"李牧却敌"、"塞翁失马"的故事中，多领悟一些得与失的辩证法！

之十一
帮人就是帮己

老子在《道德经》里说："圣人不积,既以为人,己愈有;既以与人,己愈多。"意思是说,圣人不私自积藏,他尽量帮助别人,自己拥有的反而更充足;他尽量给予别人,自己得到的反而更多。说得更清楚些,就是帮人就是帮己。老子说得很有道理,后来的实践也反复证明了这一点。"吕不韦扶植国王"的故事就给了我们深刻的启示。

据《资治通鉴》记载:当时,秦国王子子楚在赵国当人质。子楚的母亲不受宠爱,他自己就更不被秦王看重了。在做人质期间,子楚不但贫困不堪,而且连起码的安全也得不到保障。此时,一些趋炎附势的势利小人对他敬而远之,谁也不敢把宝押在一个流落他乡、异常落泊的王子身上。但商人吕不韦却眼光独到,从中看到了千载难逢的机会。他觉得扶植这样一个王子,虽然有一定的风险,但值得一搏,搏对了就是一本万利的好事。看准了、想通了，吕不韦不惜重金，通过各种关系买通了秦王（安国君）最宠爱的华阳夫人，华阳夫人说通了秦王，把子楚立为她的嫡嗣。后来，子楚顺利地回到了秦国。待子楚的父亲安国君一死，子楚就顺利地当上了秦王。此时，子楚第一个想到的、第一个想感激的，就是吕不韦。果然，他践守承诺，让吕不韦做了丞相，封他为文信侯。

从中我们可以看出，吕不韦处心积虑地要做这件事，肯定有自己的"小算盘"，但无论如何，我们不得不佩服吕不韦的精明，正是因为他的长远眼光，挽救了公子子楚（嬴政的父亲），同时也给自己带来了巨大的好处。

当然，虽然有些人帮人的目的性不像吕不韦那样强，但仅凭义气也帮了不少的人，他也没想得到什么回报，但有道是，"有心栽花花不发，无心插柳柳成荫"，自己的一些不经意的行为，或者一贯的忠义侠胆，使那些在危难之中得到过他帮助的人，一旦"咸鱼翻身"，顺风顺水地发迹起来，就会不遗余力地报恩，这就叫"一报还一报"。

但话又说回来，也有一些人居心叵测，帮人倒是愿意的，但就是目的性太强。帮人看对象，他觉得有用的，肯定会不遗余力去支持、帮助；倘若他觉得你没用，你怎么求他帮你，那都是枉然。这样的人，最终无非两种结果：要么像吕不韦那样，帮人帮对了，自己飞黄腾达；要么帮人没有帮到正处，或帮的人出了问题，自己也跟着倒霉，或落得个身败名裂。如此看来，那些搞团团伙伙、拉山头、结帮派的人，不都是如此吗？

所以，帮人要帮正人、帮好人，帮助那些值得帮的人，那些过河拆桥、忘恩负义之人还是少帮为好。其实，这样的道理古人在一则很有名的寓言《农夫与蛇》里就给了我们明确的阐释：在一个寒冷的冬天，赶集完回家的农夫在路边发现了一条蛇，以为它冻僵了，于是就把它放在怀里。蛇受到了惊吓，等到完全苏醒了，便本能地咬了农夫，最后毒杀了农夫。农夫临死之前后悔地说："我想要做善事，却由于见识浅薄而害了自己的性命，因此遭到了这种报应啊。"

这则寓言告诉我们，帮人一定要看清对象、辨别善恶，只能把援助之手伸向善良的人。对那些恶人即使仁至义尽，他们的本性也是不会改变的。在不了解别人身份和背景，不知道别人心底是否真诚的情况下，不要随意轻信别人，坏人不会因为你的热心而感动。我们应谨慎小心，给好人的帮助千万不要吝惜，但对恶人千万不能心慈手软。当然，帮人的目的性也不能太强，否则就会适得其反，那就更是得不偿失了!

附:
农夫与蛇
一农冬日逢一蛇,疑其僵,乃拾之入怀,以己之体暖之。蛇大惊,乃苏,以其本能故,以利齿啮农,竟杀之。农濒死而悔曰:"吾欲行善,然以学浅故,竟害己命,而遭此恶报哉。"

(《伊索寓言》)

之十二 包容铸就伟业

包容是一种非凡的气度，是一种宽广的胸怀，是一种充满仁爱的无私境界，它是我们中华民族的传统美德，也是成就伟业的重要基础。这从嬴政对待李斯的态度中就可以得到验证。

据《资治通鉴·秦纪》记载：秦王政十年，秦国的势力非常强大，各国客卿纷纷涌入秦国，以实现加官晋爵的梦想。一方面，他们的到来，使秦国拥有了很多人才，但同时也严重威胁了秦国宗室大臣的权势。这些平时就养尊处优的宗室大臣们怎能忍受这些？于是就纷纷向秦王上书，力陈客卿的缺点和危害。秦王听信谗言，便下令驱逐在秦国的一切别国客卿。（不分青红皂白地"一刀切"，实在不应该！）

在这些被驱逐的客卿之中，有一个叫李斯的人，此人是个有才之人，他不满秦王的这种错误做法，连夜给秦王写了一封信，劝说他收回逐客令，这就是著名的《谏逐客书》。他举了大量的例子，详细地说明了秦国的强大有赖于客卿的功劳；又用大量事实，说明逐客的不当；篇末，他鲜明地指出，"夫物不产于秦，可宝者多；士不产于秦，而愿忠者众"。就是说，不产于秦的东西，有很多都是宝物；不产于秦的人才，也有很多对秦王忠心耿耿。其中，"泰山不让土壤，故能成其大；河海不择细流，故能就其深"成为千古佳句。秦王听了，很受感动，当然也是心服口服。于是也就有了"王乃召李斯，复其官，除逐客之令"。凭借这些客卿，"数年之中，卒兼天下"。

　　这个故事告诉我们，做人做事都要学会包容。"金无足赤，人无完人。"看人看事绝不能绝对化、片面化、碎片化，要学会客观地看事、辩证地看人，同时，也不能以地域划线，总担心"外来的和尚念歪经"。试想，如果没有商鞅、李斯等这些外来的敢于担当、才华横溢、忠心耿耿的外来客卿，秦国会迅速从一个被人欺凌的弱国变成一统天下的强国吗？所以，英雄不问出处，人才也不应该太计较出处，只要有真才实学，只要对自己的事业发展有利，不管是哪里的人才、哪方面的人才，都可以大胆地用。"唯才是举"讲的就是这个道理。如果心胸狭窄，总是搞"武大郎开店"，容不得外来之人，容不得比自己强的人，那么，不仅"店"开不大，而且还会损害"店"的名声。如今，经济发展了，社会进步了，人才也在不断流动，世界都是圆的，封闭是不可能的，封闭必然导致落后。用人眼界要宽，做事必须大度，切不可做"井底之蛙"，拘泥于自我圈子，搞"任人唯亲"，近亲繁殖不会出太多的精品，永远不会进步。唯有敞开大门，广纳贤才，为我所用，才能持续发展、成就一番伟业。

历史上，关于包容的故事多于牛毛，这里仅选其中的三则与诸君共赏。

故事一：北朝北齐时代，崔逻官拜左丞相，很受皇帝世宗的器重与礼遇。崔逻很喜欢举荐人才。他向世宗推荐邢卲担任丞相府的幕僚，并兼管机密政务。世宗因崔逻之推荐，遂征召邢卲，邢卲果然甚得世宗的信赖与器重。邢卲因为兼管机密政务，所以有机会接近世宗，在言谈之际，邢卲常常贬低崔逻，以致引起世宗不高兴。某次，世宗告诉崔逻："你总是诉说邢卲的长处，而邢卲却专诉说你的短处，你简直是个痴呆！"崔逻大度地说："邢卲诉说我的短处，我诉说邢卲的长处，两人诉说的都是真实的事情，这没有什么不对啊！"崔逻宽以待人，严以律己，他不仅肯定别人的长处，包容别人的缺失，而且坦然面对自己的缺失，这是何等宽宏的气度！

故事二：郭子仪扫平安史之乱后，成为复兴唐室的元勋。唐代宗非常敬重郭子仪，将女儿升平公主嫁给郭子仪之子郭暧为妻。有一次小两口吵嘴，郭暧见妻子摆出公主的架子，愤懑不平地说："你有什么了不起的？不就仗着你父亲是天子吗？告诉你吧，你父皇的江山，是我父亲打败了安禄山才保全下来的，我父亲因为瞧不起皇帝的宝座，才没当这个皇帝！"升平公主听到郭暧出此狂语，气得立即回宫禀报皇上。唐代宗听完女儿的投诉后，不动声色地说："你是个孩子，有许多事你还不懂。你丈夫说的都是实情。天下是你公公郭子仪保全下来的。如果你公公想当皇帝，早就当上了，天下就不是咱们李家的了。"他劝女儿不要抓住丈夫的一句话，乱扣"谋反"的大帽子，要和和美美地过日子。在唐代宗的劝慰下，公主消了气，主动回到了郭家。郭子仪知道这事后，吓坏了，他听说儿子口出狂言，几近谋反，即刻令人把郭暧捆绑起来到宫中面见皇上，请皇上治罪。可是，唐代宗却和颜悦色，一点也没有怪罪的意思，反而安慰郭子仪说："小两口吵嘴，话说得过了点，咱们当老人的不要认真了，不是有句俗话说'不痴不聋，不做家翁'吗？装作没听见就行了。"郭子仪听了这番话，心里的石头落了地，感到非常高兴。

品读与感悟

　　故事三：公元前 403 年，韩国邀请魏国出兵，协助攻打赵国，魏文侯谢绝说："我与赵国既是兄弟之邦，又有互不侵犯之约，不敢从命。"韩国的使者怒气冲冲地离去了。赵国知道后，深感赵国与魏国之间有兄弟之谊，便也来向魏国借兵讨伐韩国。魏文侯仍然用同样的理由拒绝了赵国。赵国的使者也怒气冲冲地离去了。但是，后来两国都想到魏文侯对自己国家和睦的态度，想到魏文侯的友好和宽容，都十分佩服，他们都纷纷回来朝拜魏国。

　　从这些故事中，我们又可以领悟到许多道理：常怀包容之心的人，不会因为别人非议自己而怀恨在心，不会因为无足轻重的言行而暴跳如雷，不会因为蝇头小利而背信弃义，不会因为稍有成绩就忘乎所以、得意洋洋……但他们的所作所为却会因为岁月的洗礼而显得弥足珍贵，都会因为他们的宽容大度而受到人们的敬仰和爱戴。做一个坦荡的人、无私的人，尊重别人，也成就自己，这样的事多做又何妨？

附：
谏逐客书
李斯

臣闻吏议逐客，窃以为过矣。

昔缪公求士，西取由余于戎，东得百里奚于宛，迎蹇叔于宋，求丕豹、公孙支于晋。此五子者，不产于秦，而缪公用之，并国二十，遂霸西戎。孝公用商鞅之法，移风易俗，民以殷盛，国以富强，百姓乐用，诸侯亲服，获楚、魏之师，举地千里，至今治强。惠王用张仪之计，拔三川之地，西并巴、蜀，北收上郡，南取汉中，包九夷，制鄢、郢，东据成皋之险，割膏腴之壤，遂散六国之从，使之西面事秦，功施到今。昭王得范雎，废穰侯，逐华阳，强公室，杜私门，蚕食诸侯，使秦成帝业。此四君者，皆以客之功。由此观之，客何负于秦哉！向使四君却客而不内，疏士而不用，是使国无富利之实，而秦无强大之名也。

今陛下致昆山之玉，有随、和之宝，垂明月之珠，服太阿之剑，乘纤离之马，建翠凤之旗，树灵鼍之鼓。此数宝者，秦不生一焉，而陛下说之，何也？必秦国之所生而后可，则是夜光之璧不饰朝廷，犀象之器不为玩好，郑、卫之女不充后宫，而骏马駃騠不实外厩，江南金锡不为用，西蜀丹青不为采。

所以饰后宫、充下陈、娱心意、说耳目者，必出于秦而后可，则是宛珠之簪、傅玑之珥、阿缟之衣、锦绣之饰不进于前，而随俗雅化，佳冶窈窕赵女不立于侧也。

夫击瓮叩缶，弹筝搏髀，而歌呼呜呜、快耳者，真秦之声也；《郑》《卫》《桑间》《昭》《虞》《武》《象》者，异国之乐也。今弃击瓮而就《郑》《卫》，退弹筝而取《昭》《虞》，若是者何也？快意当前，适观而已矣。今取人则不然，不问可否，不论曲直，非秦者去，为客者逐。然则是所重者在乎色、乐、珠玉，而所轻者在乎人民也。此非所以跨海内、制诸侯之术也。

臣闻地广者粟多，国大者人众，兵强则士勇。是以泰山不让土壤，故能成其大；河海不择细流，故能就其深；王者不却众庶，故能明其德。是以地无四方，民无异国，四时充美，鬼神降福，此五帝三王之所以无敌也。今乃弃黔首以资敌国，却宾客以业诸侯，使天下之士不敢西向，裹足不入秦，此所谓"藉寇兵而赍盗粮"者也。

夫物不产于秦，可宝者多；士不产于秦，而愿忠者众。今逐客以资敌国，损民以益仇，内自虚而外树怨于诸侯，求国之无危，不可得也。

（《史记·李斯列传》）

之十三
小人不可得志

在人们的印象中，秦国的赵高（郎中令、丞相）是个地地道道的奸臣、小人。他联合李斯修改遗诏，帮助秦始皇的小儿子胡亥夺取皇位；害死秦始皇的大儿子扶苏和秦国大将蒙恬、蒙毅，使秦国的统治风雨飘摇；为了达到独自控制秦二世的目的，千方百计诬陷自己的对手李斯，最后李斯含冤而死。李斯死后，赵高独断专行、肆意妄为，秦王朝的统治更加残暴。小人得势，好人遭殃，国家遭难。赵高得势，就充分说明了这个道理。

赵高的很多"小人"之为，李斯是知道的。但李斯在胡亥的"上位"问题上是帮了忙的。丞相李斯本是个正正派派、才华横溢的谋臣，但还是有犯糊涂的时候，这就有点助纣为虐了。如果当时李斯不和赵高同流合污，而是秉公办事，那么无才无德的胡亥不可能轻易当上皇帝，也不可能有后来赵高的独断专行；如果他们不密谋害死忠心耿耿的秦国大将蒙恬、蒙毅兄弟，那么秦国也不至于灭亡得那么快；如果李斯对赵高早有防范（因为赵高的德行，李斯是清楚的），李斯也不会最终死得那么冤屈。但是，这些"如果"，都被小人赵高的所作所为无情地击碎在历史的烟尘之中。可见，如果不辨小人、怂恿小人，帮助小人得志，最后的结果必然是害人害己。

小人从表象到本质肯定都是坏的，但究其原因，还是有一定的滋生土壤。一则，小人思想上的歪思邪念会得到一些人的附和。秦始皇驾崩在游山玩水的路上，这是大家始料不及的。这时赵高就动起了歪心思，恰好李斯也有这样的想法，于是两人一拍即合，帮助秦始皇的小儿子胡亥夺取了皇位。应该说，这个责任主要是在小人赵高，但李斯也难辞其咎。是非功过，自有后人评说。对赵高，用"小人"来评价，是再恰当不过了；但对李斯来说，以什么来评价，就不太好说了。至少在胡亥"上位"这个问题上，他是有责任的。二则，上级的昏庸无能会助长小人恣意妄为。秦二世做了皇帝后，一是自己年轻，不谙世事；二是自己没有多少从政的经验，信心不足；三是深处禁宫，沉湎酒色，寻欢作乐。所以大权就落到了赵高的手中，连忠心耿耿的李斯也不被待见。这里面赵高的巧言令色起了很大作用，但皇帝的昏庸无能是赵高能够独断专行的主要原因。所以，要有效遏制小人的行为，作为上级必须深入了解，明辨是非、分清良莠，切不可偏听偏信、为言所惑，更不可不闻不问、听之任之。

领导者不仅应该是思想的引领者，而且应该是行动的指挥家。对自己所管之事、所管之人，一定要做到了如指掌、心中有数，绝不能让小人得势、让好人吃亏，这样才能事业有成，江山永固！

之十四 果断行事事竟成

每个人的行事风格都不可能一样，但行事果断的人成功的概率，要比优柔寡断之人大得多。为什么呢？因为机遇稍纵即逝，果断地抓住了，你就可能取得巨大成功；如果稍有犹豫，机遇就会转瞬即逝，正所谓"机不可失，失不再来"。

历史上这样的事情不胜枚举。《资治通鉴》里记述的两件事，大致可以看出一些端倪：

一件是《秦纪》中项羽"破釜沉舟"的故事。项羽生性暴躁，在与秦国对阵的过程中，看不惯贪生怕死、犹豫不决的楚国大将宋义，便索性杀了他，"乃悉引兵渡河，皆沈（'沈'同'沉'）船，破釜、甑，烧庐舍，持三日粮，以示士卒必死，无一还心"。在这样的生死关头，项羽毫不犹豫，毅然决断地出兵，而且还断绝了大家的后路。然而，正是因为他果断行事，所以楚军一到巨鹿，就包围了王离，与秦军交战，经过九次交锋，大败秦军。（"于是至则围王离，与秦军中遇，九战，大破之。"）这里，项羽果断的性格、英勇善战的品格表露无遗。这种果断的性格，铸就了他英雄的一面，也让我们在浩瀚的历史长河中，充分领略了这位英雄的丰功伟绩。

谈及"果断"，不能不说东汉年间的班超。东汉王朝为了联合西域各国共同抗御匈奴的侵扰，就派遣班超作为使节出使到西域去。他首先来到了鄯善国。班超晋见了鄯善国王，说："尊敬的国王陛下，我们汉朝的皇帝派我来，是希望联合贵国共同对付匈奴。我们吃过很多匈奴入侵的苦，应该携起手来，同仇敌忾，匈奴才不敢再猖狂肆虐呀！"鄯善国王早就知道汉朝是一个泱泱大国，国力强盛，人口众多，不容小视，现在又见汉朝的使者庄重威仪，颇有大国之风，果然名不虚传，就连连点头称是道："说得太对了，请您先在鄯国住几天，联合抵抗匈奴之事，容过两天再具体商议吧。"头几天，鄯善国王待他们还挺热情，可是没过多久，班超便察觉国王对他们越来越冷淡，不但常找借口避开他们不见，就是好不容易见上了，也绝口不提联合抗击匈奴之事了。

班超有了一种不祥的预感，他召集使团的人分析说："鄯善国王对我们的态度越来越不友好了，我估计是匈奴也派了人来游说他，我们必须去探察一番，搞清事情的真相。"夜里，班超派的人潜进王

品读与感悟

宫，果然发现国王正陪着匈奴的使者喝酒谈笑，看样子很是投机，就马上回来将这个消息报告给班超。接下来的几天，班超又设法从接待他们的人那里打听到，匈奴不但派来了使节，而且还带了一百多个全副武装的随从和护卫。他立刻意识到了事态已经发展到很严重的地步，就马上召集使团研究对策。班超果断地对大家说："匈奴果然已经派来了使者，说动了鄯善国王，现在我们已处于极度危险之中，如果再不采取有效措施，等鄯善国王被说服，我们就会成为他和匈奴结盟的牺牲品。到时候，我们自身难保是小事，国家交给的使命也就完不成了。""不入虎穴，焉得虎子！现在我们只有下决心消灭匈奴，才能完成我们的使命！"当夜，班超就带人冲进匈奴所驻的营垒，趁他们没有防备，把一百多个匈奴人全部消灭了。

第二天，班超提着匈奴使者的头去见鄯善国王，当面指责他说："您太不像话了，既答应和我们结盟，又背地里和匈奴接触。现在匈奴使者已全被我们杀死了，您自己看着办吧。"鄯善国王又吃惊又害怕，很快就和汉朝签订了同盟协议。班超的举动震动了西域，其他国家也纷纷和汉朝签订同盟，很多小国也表示和汉朝永久友好。班超的果断帮助他圆满完成了使命，也再次深刻地诠释了"果断行事事竟成"的道理。

　　但人的性格是多面性的。同样涉及项羽，《汉纪》里又纪录了另外一则故事，就是"鸿门宴"的故事。这个故事大家都耳熟能详，不便多说。引起我们兴趣的，有很多地方，但最值得一提的是在宴会上，"范增数目项羽，举所佩玉以示之者三"。这意思再明显不过，范增叫项羽赶快向刘邦下手，但项羽"默然不应"。因为项羽的优柔寡断，最后错失良机，刘邦逃过一劫。以至后来项羽不得不"霸王别姬""自刎乌江"，把天下拱手让给了刘邦。这也印证了范增的那句话，"将来夺得项羽天下的，必是刘邦，我们都要成为他的阶下囚啊！"

　　项羽、班超的果断，成就了他们的一世英名；但项羽关键时刻的犹豫不决，又断送了他唾手可得的千秋霸业。钦佩之际，又深感惋惜！项羽的人生悲剧，是环境所迫，还是性格使然，二千二百多年以前的事，我们不得而知，也不敢去妄自猜度，但从项羽的身上，我们还是能够学到很多东西，受到很大启示，即当断不断、必受其乱，优柔寡断、后患无穷！

之十五
用人不疑　疑人不用

《资治通鉴》里记录了很多识人用人的故事，其中汉王刘邦启用韩信的故事，给人以很多启发。

韩信本是项羽的一员大将，他从项羽那里千辛万苦来到汉中，本想到这里得到重用，但却迟迟得不到汉王的重视，一气之下，不辞而别。深知韩信才能的丞相萧何乘着夜色，把韩信追了回来，然后推荐给了汉王。汉王刘邦这才意识到韩信的重要，遂拜韩信为大将军。果然，韩信不负众望，用"明修栈道，暗度陈仓"之策，一举攻下咸阳，收复了三秦，韩信最终一战成名。

从这个故事中，我们至少可以得到几点启示：

一是人才必须有人发现。我们讲，"良马有，但伯乐不常有"。有些人确实是人才，但总是不被发现，或者说即使被发现了，也为时已晚，那样好端端的人才可能就这样被无情地浪费了，这实在是一种很可惜的事。有人说，既然他是人才，那他也可以"毛遂自荐"啊!"毛遂自荐"确实是一种办法,但有时也是一种不得已而为之的办法,并且这种办法并不适合于每个人。一些真正的有识之士,不一定都会"毛遂自荐"。这时候,靠别人发现倒是很关键的。如果韩信不被萧何发现,萧何不到刘邦面前去推荐,那么韩信就不可能脱颖而出,以至历史上可能会埋没一位难得的将才。

二是要唯才是举,用人不疑。韩信本是项羽的手下战将,而刘邦与项羽又是竞争对手。按说,用竞争对手的人,来为自己服务,本身就是一件比较忌讳,也是比较危险的事。但刘邦却用了项羽的人——韩信,这不仅体现了刘邦博大的胸怀,而且也显示了刘邦的高明之处。想当初,如果刘邦气量小一些,对项羽的人怀疑忌恨,那么韩信不仅没有出头之日,弄得不好还可能丢掉小命。但是,刘邦不计前嫌,得知韩信确实是个人才后,他居然派人筑了一个高台,举行隆重典礼,拜韩信为大将军。这样的胸怀古今少有。看到这些,韩信不为他卖命都不行。

其实,在与项羽的对抗中,刘邦是做了很多统战工作的。他一直在争取团结与项羽不和的人、过去反对过项羽的人,以及能够与项羽单独作战的部下。至少,在这一阶段,刘邦在识人用人上的一些

品读与感悟

做法，是很值得称道的。至于他后来当上皇帝后的一些识人用人的做法，有些就不太明智了。当然，那是环境变化、地位变化、形势变化所导致的，也是后话了。有些事情，不是我们能够用现代人的眼光、现代人的观念所能评说、理解的。

说到此，我们不得不说说秦国。秦国之所以能从弱小走向强大，除了其他一些方面的因素外，其中的一个做法似乎很值得称道，也很值得后人效仿，那就是"秦国用他人"。《容斋随笔》详细地叙述了此事：七国虎争天下，莫不招致四方游士。然六国所用相，皆其宗族及国人，如齐之田忌、田婴、田文，韩之公仲、公叔，赵之奉阳、平原君，魏王至以太子为相。独秦不然，其始与之谋国以开霸业者，魏人公孙鞅也。其他若楼缓赵人，张仪、魏冉、范雎皆魏人，蔡泽燕人，吕不韦韩人，李斯楚人，皆委国而听之不疑，卒之所以兼天下者，诸人之力也。

所以，领导者用人，不能以人划线，只要品行端正，确有真才实学，不管他师出何门，不管他出身高低，不管他过去为谁服务过，只要能成事，就应该不拘一格地予以重用。这样，一则不会轻易埋没人才，二则这些被发现的人才，都会因为你的胸怀和雅量，拼命地为你效劳。这样一举多得的事，何乐而不为呢？

之十六 刘邦用人的"得"与"失"

汉高祖刘邦无疑是一个了不起的人物,他在用人问题上有值得称道的地方,但也有一些不够周全的地方。

刘邦惜才如命,善于用人,应该是大家有目共睹的。如刘邦在与项羽争夺天下的时候,先后重用张良、萧何、韩信、张耳、黥布等良将谋臣,正是因为他们的大力协助,刘邦的事业才会一帆风顺。要知道,这些人曾经都是项羽的部下,都被封过王(韩信是齐王,张耳是赵王,黥布是九江王)。项羽当时虽然封他们为王,但是却不信任他们,还不断排挤他们。而刘邦势力弱小,正是用人的时候,于是就采取拉拢的手段,所以最终他们都投靠了刘邦。应该说,刘邦能够打败项羽,取得天下,除了他的个人品德外,很重要的原因就是得到了这些人的辅佐。正是他本着"不拘一格降人才""英雄不问出处"的胸怀和态度,所以一些人才都愿意为他效劳。

这正是刘邦创业之初的高明之处，也是值得后人学习的地方。

但随着刘邦势力的增长，他自私的性格和狭隘的心理，又让他做了一些不该做的事。刘邦做了皇帝后，理所当然地要论功行赏，封有功之臣为王，于是韩信成了楚王，彭越成了梁王，黥布成了淮南王……但汉高祖封这些异姓的功臣为王，是不得已的做法。他深知这些王很有能耐，害怕他们今后势力强大，会危及他的江山。所以在封王后不久，他就寻找各种借口杀戮功臣，一个一个地除掉这些异姓王。从称帝到逝世前，他先后把分封出去的七个异姓王消灭了六个。空出来的王位，改封自己的兄弟侄子去接替。刘邦在活着的时候不但亲手铲除异姓王，而且在临死之前还郑重其事地立下遗嘱，规定不许封异姓为王。

刘邦用人的"得"与"失"，自有后人评说。但从中我们可知：封建社会，皇帝是至高无上的，皇权是不可动摇的。汉高祖刘邦为了巩固江山，保持统一和稳定，做出这种排除异己的举动，是历史条件的限制，或许也是有情可原的。

时代发展到今天，我们已经是一个民主法治的国家，选拔任用干部已经有了一套完整的制度和程序，那种封建时代"任人唯亲""一人说了算"的做法，在今天是完全行不通的。事业发展，社会进步，人才为要，而人才的使用必须强调五湖四海。人尽其才、才尽其用，国家和民族就有希望！

之十七
要保持好政策的连续性

国家发展，社会进步，要靠一系列的政策来维持。政策好，人民得利；好政策连续，方能有条不紊；朝令夕改，叫人无所适从。历史上"萧规曹随"的故事告诉我们：好的政策一定要保持连续性。

"萧规曹随"说的大概是这个意思：萧何死后，曹参接任相国。但曹参继位后，采取了清静无为的办法，一切按照萧何已经规定的章程办事，并无新的举措。这样汉惠帝就不高兴了，背地里还责怪曹参不作为。曹参脱下帽子请罪，还说，"陛下自察圣武孰与高帝？""陛下观臣能孰与萧何贤？"惠帝很有自知之明，说自己当然比不上汉高祖（"朕乃安敢望先帝？"）。当然，惠帝也认为曹参还赶不上萧何（"君似不及也"）。所以曹参顺势就说，"陛下言之是也。高帝与萧何定天下，法令既明。今陛下垂拱，参等守职，遵而勿失，不亦可乎？"意思是说，陛下说得太对了。高帝与萧何平定天下，法令已经明确。

如今陛下垂手治国，我们臣下恭谨守职，大家认真遵守不去违反旧时法令，不就够了吗？他的建议得到了惠帝的认可。

保持政策的连续性，本着清静无为的原则，这是老子"无为而治"思想在实践中的运用。曹参深谙此道，他做了三年的相国，正因为他清静无为，所以没有给老百姓增添丝毫负担，百姓安宁，天下太平。老百姓很感激他，还特意编了歌赞扬他：萧何制法，天衣无缝；曹参继任，守而不失。应该说，曹参的聪明和高明，很大程度上得益于他的"清静无为"，得益于他的"遵而勿失"。

对比曹参的所作所为，那种"朝令夕改"的做法就显得很不合时宜，也很不值得提倡了。"朝令夕改"的故事在一些历史文献里有很多精辟的论述。宋·范祖禹《唐鉴·穆宗》："凡用兵举动，皆自禁中授以方略，朝令夕改，不知所从。"《明史·刘健传》："即位诏书，天下延颈，而朝令夕改，迄无宁日。"汉·晁错《论贵粟疏》："急政暴虐，赋敛不时，朝令而暮改。"《晋书·赵王伦传》："伦之诏令，秀辄改革，有所与夺。自书青纸为诏，或朝行夕改者数四，百官转易如流矣。"《周书·权景宣传》："而景宣以任遇隆重，遂骄傲恣纵，多自矜伐，兼纳贿货，指麾节度，朝出夕改。将士愤怒，莫肯用命。"梁启超《责任内阁与政治家》："何至一切设施，朝令夕改，有同儿戏。"这些都无不在告诉我们：如果早晨下达的政令，到晚上就更改了，那么就会使人无所适从。这样做无疑是愚蠢之举、无效之劳、无用之功，是完全不可取的。

但是，现在有些人却还在一意孤行地做着"朝令夕改"的事。他们上任伊始，屁股还没有坐稳，情况还没有摸清，就急于烧上"三把火"，急于否定前任定下的一些规定和政策，生怕别人不知道自己的魄力和才能，好像只有自己才是高明的、合理的，别人都不行；有的领导干部急于干出政绩，办法措施一个接着一个，一个还没实施完，另一个便接踵而至，让人跟不上节奏，摸不着头脑，无所适从。长此以往，下面怨声载道，自己孤立无援，有时还会因为自己的盲目决策和蛮干，事与愿违、劳民伤财。这些人确实应该好好学习曹参的气量和做法。

当然，我们赞赏"萧规曹随"的做法，不是说只要盲从，不要创新。只要看准了的，在继承前人成功经验的基础上，还应该不断开拓新的领域，创新更好的方法，使事业向更高层次、更高质量迈进，而不应该墨守成规、停滞不前。这才是我们应该正确理解"萧规曹随"的精髓之所在！

之十八
公平公正方得人心

　　制定法律是用来执行的，绝不能束之高阁，必须做到有法可依、有法必依，执法必严、违法必究。在这方面，西汉文帝时的廷尉张释之为我们做出了示范。

　　张释之在担任公车令的时候，太子和梁王兄弟同坐一辆车入朝，到了司马门也不下车。按规定要罚金四两，可他们俩位高权重，一般的人都不敢阻挡。但张释之却毫不客气地追上去，禁止他们前进，并将此事告之皇上，后来因为薄太后出面，拿了诏令，才赦免了太子和梁王。正是因为他执法很严，一些人才不敢轻易违法，法律才起到了很好的约束作用。

　　法律面前人人平等，任何人在法律面前都不能有特权。从张释之办的两个案件中就可以充分地看到这一点。

　　一次是文帝外出，有人惊马，张释之判以罚金，但皇上不满,欲将重罚。释之据理力争,他说:"法者,天子所与天下公共也。今法如是,更重之,是法不信于民也。"意思是说,法,是天下公共的。这一案件依据现在的法律就是这样定罪,如加罪重判,法律就不能取信于民众。最后,皇上深明大义,认可了释之的判决,释之用自己的实际行动维护了法律的公正公平。

另一次是有人偷窃汉高祖墓中的玉环,文帝很生气,认为应该判以"诛族"。但张释之依照法律规定,说只能给这个人判死刑。皇上不依不饶,力主"诛族"。张释之不为所动,摘下乌纱帽据理力争,"依法决断,这样已到最高的限度了。即使罪名相等的,也要看危害的程度分别高下轻重"。文帝虽然当时很不高兴,但后来还是想通了,认为张释之的做法是对的。

看来,维护法律的权威,一则要公正公平,一碗水端平,决不能"此一时彼一时";二则不能有私心,必须大公无私,决不能以法压人;三则要有担当精神,敢于为弱势群体打抱不平;四则要有不畏权贵的勇气,让法律在权势面前不会失去应有的光芒。张释之做到了这几点,正是因为他能够公正断案,执法不阿,受到了天下人的称赞。

当然,历史上受到称道的也不仅仅张释之一人。

提起三国时候的诸葛亮，人们往往津津乐道的是他的足智多谋，岂不知在这足智多谋之中，也有他公平公正、依法治国的才干和谋略。

他非常重视赏罚分明。他提出"严、明、信、平"的执法原则。严，严于执法；明，明辨是非；信，赏罚必行；平，赏罚公正。他认为，赏罚不明，那么忠臣会没有犯罪而被冤杀，奸邪的人则会没有功劳而得到重用；对于没有功劳的人妄加赏赐，众人就会离心离德；对于没有罪责的人加以惩处，就会导致民怨沸腾；要做到赏罚分明，执法就必须尺度统一。他给刘禅上表说：不管是（你）皇宫中还是（我）丞相府中，都应一视同仁。功过赏罚，不应该标准不一。对人不应该用个人的感情下判断，从而使朝廷内外法治尺度不能统一。

他是这样说的，也是这样做的。马谡和李严，都是诸葛亮的得力助手，前者在南征孟获期间，献上攻心为上的战略，后者北伐时管理后方事务，督粮屡屡有功。但两人先后在北伐期间导致蜀军失利，可是受到的惩罚却大相径庭。马谡是一出祁山时的先锋，在街亭战术失误，导致蜀军大败，兵卒四散，诸葛亮没有了前进的依凭力量，退回汉中。李严在五出祁山时，因为督粮不力唯恐诸葛亮治罪，就哄骗诸葛亮，最终让蜀军退兵。诸葛亮对他们惩处的力度大大不同：马谡违背主帅指示，执意放弃水源和城垒，在山上扎营，他的溃败给蜀军带来的损失很大，因而对于马谡逮捕处斩；李严则不然，他运粮遭遇到了连绵阴雨、道路阻隔的实际困难，而且同样天气下蜀军进攻不会太顺利，而撤退也未给自身带来什么损失，因而贬李严为平民。

如此看来，诸葛亮不仅善于制定法律，以便"有法可依"，而且还能根据不同的情况把握执法的"度"，这就不能不让人心生钦佩了。如果诸葛亮在执法的过程中，执法不严，执法不公，甚至徇私舞弊，那么他就不能够迅速赢得人心、受人尊敬，那么他足智多谋的一些谋略也不会实施得那么顺利吧！

公平公正能够赢得人心，也能够使一些事变得持续、长久，而且经久不衰。四年一次的奥运会想必是很多人都很关注的。为什么奥运会具有如此大的魅力，为什么奥运会那么多年能够久办不衰？其中一个重要的原因，就是奥运会是公平公正的。

古希腊人认为，奥运会属于宗教仪式的一部分，出于对神灵的尊重，奥运会是神圣的。光明正大地取胜，才算光荣；反之，则是对神的亵渎。所以，古代奥运会的比赛规则十分严厉，违者要受到惩罚。

第九十届古代奥运会上，一个名叫利哈斯的选手获得冠军，虽然他自称斯巴达人，但经核实，他来自另一个城邦，于是，他的冠军头衔立即被取消。遇到行贿受贿者，古代奥运会对此严惩不贷，不仅要剥夺其冠军称号，还要罚重金以警世人，罚金则用于雕刻宙斯像。第九十八届古代奥运会上，一名拳击运动员因买通另外三名对手取胜，结果四人皆被罚以重金。古代奥运会的组织者用这四人的罚金雕刻了四尊宙斯像，其中一尊还刻上以下警句：奥林匹克的胜利不是用金钱买来的，而需依靠飞快的两脚和健壮的体魄。

在古代奥运会开始竞赛之前，所有参加比赛的运动员以及他们的教练员，还有他们的亲人，都要对天发誓绝不违反奥运规则。运动员本身还要更进一步地发誓，连续十个月之内将严格遵守训练章程。同时，对参赛的人和马等进行检查的有关工作人员也要发誓，表明自己会公平裁决，绝不受贿的心迹。在公正平等的原则下，源于人类自然本性的竞争意识在古代奥运会上得到淋漓尽致的发挥。这种公平竞争的精神被现代奥运会继承和发展，并构成了奥林匹克精神的核心内容。总之，无论是古代奥运会还是现代奥运会，都把公平竞争放在首位，确保运动员能够在公平的条件下参加比赛。

因此，无论时代如何发展，社会如何进步，公平公正的意识都不会因为时间的推移而淡薄，反而会随着人们综合素质的提高变得越来越浓厚。我们衷心期望,类似张释之、诸葛亮这样的人多一些,类似奥运会的这种公平原则再强一些。如果我们大家都有了这种意识,那就是这个社会莫大的福气啊!

之十九 多给手下自主权

人活在世上，都会有尊严；人在江湖，都有自我表现、实现自我价值的愿望；人要有一番事业，都希望有一个宽松的、能够充分展现自我才华的舞台和环境。不管对待什么人，都应该给他们一些自主权，让他们尽显其才、尽职尽责。这样，别人才会心怀感激，才会不遗余力地工作效力。其实，多给人一些自主权，是一件一举多得的事，何乐而不为呢？

《资治通鉴·汉纪》里冯唐说给汉文帝的话，就很能说明这个道理。汉文帝为了尽早解除匈奴之忧，很想得到廉颇、李牧这样的将军。但当时已八十多岁、职位也不高的中郎署长冯唐，却给汉文帝泼了一盆冷水，他说，"现在就是有廉颇、李牧，陛下也不一定能用他们"。对此，冯唐陈述了他的理由：常言道，"将在外君令有所不受"，但陛下没能做到。古时候帝王派遣大将出征，都要恭敬地远送，并对他们说,"国门以内的事,归我来管;国门以外的事,都由将军决定"。这就给了手下充分的自主权,所以他们能够放开手脚,依其所能,抵御外敌,而且毫无后顾之忧。而现在,魏尚做云中郡守,就因为少报了几颗人头,就算犯了罪,并革掉了他的封爵,判处了他的徒刑。这就是明显的不公正。这样一比较,冯唐就得出了结论:陛下纵然得到廉颇、李牧,也是不能用他们的。其实冯唐的话还没有说完,他后面的意思应该是,因为陛下不能给他们充分的自主权,所以难以施展他们的才能,你即使用了他们,他们也不会尽心尽力。

"掣肘难书"是一个大家都非常熟悉的成语,这个成语中包含的一个故事能够让人懂得很多的道理。

当年,宓子贱接受鲁王的任命去治理亶父这个地方,但是他又怕鲁王听信小人谗言,使他不能按照自己的想法去治理亶父,所以在即将辞行、快要上马赴任时,宓子贱突然停下来对鲁王说:"大王,我想要您身边两名侍从随我前往,也好有个帮手。"鲁王欣然同意,派遣两名最亲近的侍从随他同往。

到了亶父,当地的官吏按照惯例都来参见新来的大人。宓子贱就让随他同来的鲁王的近侍帮他做记录,要求他记下官员们说的话。宓子贱坐在主人的位置上,面朝来宾,两名侍从坐在宓子贱旁边,准备了纸和笔打算记录。官员们献计献策，可是正当两名侍从要动笔打算记录时，宓子贱却不时地摇摇那做记录的侍从的胳膊，两名侍从不敢顶撞大人，只好凑合着写，以至于写得不像样，急得两名侍从不知如何是好，头上直冒汗。来参见的官员看到两名侍从那狼狈的样子，无不暗自偷笑。接见完各位官员，宓子贱要看记录，两名侍从呈上去，宓子贱一看字迹很潦草，就大发脾气，把这两名侍从臭骂了一顿。两名侍从心里不服气，心想我们本来是鲁王身边最受宠的人，如今刚到亶父就受这样的气，宓子贱太欺负人了。于是两人越想越生气，心想如果在此长住，说不定还受什么气呢。于是，他们便收拾行装去和宓子贱告辞，准备回京，宓子贱说："你们的书法很差劲，回去努力自勉吧。"

两名侍从回去报告鲁王说："宓子贱很难共事，我们没法为他做记录。"鲁王问："这是怎么回事啊？"侍从们答："他让我们为他做记录，却又不停地摇我们的胳膊，以至于我们写不好字，亶父当地的官员都笑话我们，他看我们字写得不好又大发雷霆。我们气不过就回来了。"鲁王听了，叹息说："这是宓子贱劝我改正不贤德的地方啊！过去我一定是对他干扰太多，使他不能按照自己的主张办事。如果没有你们二人，我差点就做错事啊！"

之后，鲁王立刻派一名宠信的官吏前往亶父，转告宓子贱说："从今往后，我再也不监管亶父了，亶父的主权属于您，只要是有利于治理亶父的办法，您就决策，不用处处向我请示。五年后再向我回报你的政绩。"宓子贱恭恭敬敬地答应了，于是在亶父顺利推行他的政治主张，果然把亶父治理得很好。

　　从这两则历史故事中，我们至少可以得到以下几点启示：一是既然要别人为你做事，就要充分相信人、理解人、支持人。要赋予他们充分的自主权，相信他们能把事情做好。这样他才能专心致志、心无旁骛地做好工作，不会因为你的独断专权、自以为是而敷衍你，你就能在看似"无为"的状态下，得到你想要的结果。宓子贱是聪明的，鲁王也是清醒而明智的，正是因为有鲁王的理解和支持，宓子贱才能拥有充分的自主权，才能把亶父治理得井然有序。如果鲁王处处干预、处处设防，那宓子贱的处境和下场会是什么样的呢？我们不得而知，但想来情况也不会好到哪里去。二是在关键时刻，一定要为手下担责。人非圣贤，孰能无过。干事的人总会有失误和差错。如果手下稍微出了点问题，就小题大做，不分青红皂白地指责他们；如果手下在外面受到了委屈，或者受到了不公正的待遇，领导本人就推卸责任，那么手下就会对你失望，自己的威望也会受损。这时，即使你给他再多的自主权，他也不敢放心大胆地去干。这样的"放权"是徒劳无益的。

多给手下一些实实在在的自主权吧，这样留给你的将是更加广阔的空间、更加愉悦的心情、更加辉煌的成就！

附：
掣肘难书

宓子贱（孔子学生。宓，mì）治亶（dǎn）父，恐鲁君之听谗言，令己不得行其术也，请近吏二人于鲁君与之俱。至于亶父，邑吏皆朝。宓子贱令吏二人书。吏将书，宓子贱从旁时掣摇其肘。吏书之不善，宓子贱为之怒。吏甚患之，宓子贱曰："子之书甚不善，子勉归矣！"

二吏归报于君曰："宓子不可为书。"君曰："何故？"对曰："宓子使臣书，而时掣摇臣之肘，书恶而又甚怒，吏皆笑宓子，此臣所以辞而去也。"

鲁君太息而叹曰："宓子以此谏寡人之不肖也！寡人之乱宓子而令宓子不得行其术必数有之矣。微二人，寡人几过！"遂发所爱，而令之亶父，告宓子曰："自今以来亶父寡人之有也，子之有也。有便于亶父者，子决为之矣。五岁而言其要。"宓子敬诺，得行其术于亶父。

（《吕氏春秋》）

之二十
没有规矩　不成方圆

汉代的周亚夫以善于用兵、治军严谨而闻名，这很大程度上得益于他强烈的"规矩意识"。

《资治通鉴·汉纪》中记载，汉文帝去慰劳军队，到其他军营，都是长驱直入，没有任何阻拦。但到了周亚夫的细柳军营，门卫却不让他们进去。守卫营门的说，"将军有令，在军中只服从将军的命令。"进了营门，车马一律不准奔跑，文帝也只好放松马的缰绳，慢慢地走着。到了营帐，周亚夫全副武装，手执兵器，威风凛凛地站着，不行跪拜之礼。他说："军装在身，例不下拜。请允许我以军礼朝见皇上。"文帝听了，不仅没有生气，而且很高兴，以致临终时还嘱咐太子，以后一定要委周亚夫以重任。实践证明，文帝做得很对，也是很有远见的。

说到此，我们会不由自主地想起一位以善于用兵、治军严谨而闻名的军事家孙武，他的一些做法与汉代的周亚夫比起来，显得更具有传奇色彩。孙武"斩姬演兵"的故事就表现出强烈的"规矩意识"。

春秋末期,出身于齐国贵族的孙武流亡到了南方的吴国。吴王阖闾为了争夺霸主地位,迫切需要拜请一位能够领兵作战的将军。恰在此时,他得到了孙武写的《兵法》十三篇,读完之后十分着迷,于是派人把孙武请进王宫。

吴王阖闾见了孙武后,很客气地说:"您的《兵法》我已经拜读过了,其中的见解很精辟,只是不知道您能不能实际演示演示呢?"孙武非常爽快地回答说:"当然可以!不论男的女的,经过我列阵演练,都可以成为勇武善战的好兵!""从未见过战阵的娇弱女子,您也能把她们训练成为好兵吗?"吴王似信非信地问。"能!"孙武斩钉截铁地回答。

这一天,吴王把一百八十名宫女交给孙武训练。他想考察一下孙武的实际指挥能力,就坐在演练场旁边的高台上观看。孙武开始演练,先让每个宫女手持一支戟,把她们分成左右两队,分别指定吴王的两个宠姬担任队长。接着,孙武问她们:"是否知道自己的心、背和左右手的位置?"众宫女回答:"知道!"她们也好奇地想看看孙武究竟要怎么操练。只听孙武严肃地说:"现在,由我擂鼓发令。令向前,就朝着心所对的方向进击;令向左,就沿着左手的方向进击；令向右，就沿着右手的方向进击；令向后，就朝着背的方向后退。你们能做到吗？"众宫女说："能！"孙武又强调说："如果有人不听从军令，就依法斩首！"众宫女平时只会唱歌跳舞，哪里晓得军法的厉害？尤其是那两个队长，仗着吴王的宠爱，根本没有把孙武放在眼里。因此，当孙武发出军令后，鼓声咚咚，令旗挥舞，众宫女不但没有依令进退，反而嘻嘻哈哈闹个不停，把队形都搞乱了。见此情景，孙武没有动怒。他说："大家第一次参加操练，有不明白的地方，是我没有讲清楚。"他把军令和操练要求又反复地向宫女们做了讲解，再次强调："如果有人不听军令，是一定要斩首的！"孙武把宫女们的队形整理好以后，再次下令击鼓向左进击。宫女们还是嘻嘻哈哈，两个队长依然笑得前仰后合。队形又被搞乱了。这时，孙武威严地宣布："我已经讲明军令和操练要求，可是队长却带头不听军令，依法应当斩首！"于是，他下令把担任队长的两个吴王宠姬绑了起来。坐在高台上观看演练的吴王阖闾闻听此言，大吃一惊，赶忙派人传旨要求赦免二姬。孙武断然回答："现在我是主将，将在外，君命有所不受。"在他的坚持下，两个宠姬被斩首示众。众宫女见孙武说话算数、执法如山，操练时再也不敢怠慢。一会儿鼓声又起，令旗挥舞。众宫女奇迹般地排列成了一支步调整齐的队伍：前后左右，卧倒起立，就是在泥泞的草地上，也是按照军令进退起止，完全符合要求，一点差错也没有，嘻嘻哈哈的吵闹声更是听不到了。通过这次演练，孙武显示了他的治军才能，吴王阖闾也发现了一位很有气魄和胆识的将才。于是，他正式任命孙武为大将军。

　　常言道，没有规矩不成方圆。一则做事必须有规矩。如果做事没有规矩，就会随心所欲，正所谓"脚踩西瓜皮，滑到哪算哪"，那势必会出偏差、出问题，最终不仅不能成事，而且还会坏事。二则有了规矩还必须严格执行。规矩是用来执行的，不是用来摆设的。如果将规矩束之高阁，那么规矩就会失去应有的权威性和严肃性，就会成为一纸空文，毫无用处。有规必依，依规必严，违规必究，必须成为一种常态、一种习惯、一种理念。三则规矩面前人人平等。规矩一旦制定，就不允许任何人破坏。那种只看权威、漠视规矩、以权压规的做法，是万不可取的。所以，面对规矩，人人都应该有一种自觉。这是对规矩的尊重，也是对自己人格的尊重。

之二十一
有勇更要有谋

我们都知道，诸葛亮一生谨慎，但也有胆大的时候，他以超常的胆略，上演了一出出有勇有谋的战场奇迹，多少年来，"空城计""七擒孟获"等故事被人们广为传颂。这充分说明，面对突如其来的危机，"有勇"固然值得称道，但"有谋"却更让人敬佩，如若既"有勇"又"有谋"，智勇双全，那就更让人仰慕了。

诸葛亮是智慧的化身，他的故事在《三国演义》中被描述得淋漓尽致，这里不再详述。在历史上，类似诸葛亮这样有勇有谋的人还很多，其中汉代"飞将军"李广就是杰出的一位。他一生勇猛无比，匈奴闻之，胆战心惊。其实，这里我们只看到了他勇猛的一面，李广在自己的百骑被匈奴几千骑所困的情况下，居然能够化险为夷，这就不能不说是智慧的力量了。

那么，当时的情况是怎样的呢？那年六月，匈奴攻入雁门郡,直捣武泉县,并攻入上郡,抢去了官府牧马场的马匹,汉军将士两千人战死。陇西人李广担任上郡太守,率领一百名骑士出行,遇到几千匈奴骑兵。匈奴人看到李广的小队伍,以为是汉军大部队派出的诱兵,都吃了一惊,占据高山摆开阵势。李广率领的一百名骑兵都很害怕,想驰马跑回去,李广制止说,"我们离开大军数十里远,现在,如果就靠这一百骑兵的队伍逃跑,匈奴人追杀射击,我们马上就完了。现在我们留在这里,匈奴人一定把我们看成是大军的诱敌队伍,一定不敢进攻我们。"李广命令骑兵们说:"前进!"来到距离匈奴阵地约有二里的地方,停下来,李广命令:"都下马解下马鞍!"他的骑兵说:"敌人很多,而且离我们很近,如果出现紧急情况,怎么办?"李广说:"敌人估计我们会逃跑,而我们都解下马鞍,向他们表示不逃跑,用这个办法来坚定他们认为我们是诱敌部队的想法。"有一位骑白马的匈奴将领出阵来,监护他的军队,李广上马,和十多个士兵奔向前去,射死了匈奴的白马将军,又返回来,到达他的百骑阵营中,解下马鞍,命令战士们放开战马,卧地休息。这时,正好是黄昏,匈奴骑兵一直对李广部队的行为觉得奇怪,不敢进攻。到了半夜时分,匈奴军队仍然认为,附近有埋伏的汉朝大军,想夜间袭击他们，便撤走了。到黎明时，李广才回到他的大军营垒。

细细琢磨，李广之所以能够面对困境，坦然应对，除了他具有非凡的勇气之外，当然也有高超的谋略，二者缺一不可。如果只有勇气，没有谋略，那就只能算是蛮干，最多只能称为"草莽英雄"；如果只有谋略，没有勇气，那就只能是纸上谈兵、空谈误事。所以一事当前，如果真出现什么问题，一是不能怕事，怕事于事无补，要有面对它的勇气，千万不能采取回避的态度；二是要有解决问题的智慧和办法，这就需要考量周全，慎重对待，积极稳妥，有效化解。

如何处理一些棘手的问题，我们还是应该好好地向李广、诸葛亮这些有勇有谋的智者多学习才是！

附：

李广诱敌

六月，匈奴入雁门，至武泉，入上郡，取苑马；吏卒战死者二千人。陇西李广为上郡太守，尝从百骑出，卒遇匈奴数千骑，见广，以为诱骑，皆惊，上山陈。广之百骑大恐，欲驰还走。广曰："吾去大军数十里，今如此以百骑走，匈奴追射我立尽。今我留，匈奴必以我为大军之诱，必不敢击我。"广令诸骑曰:"前!"未到匈奴阵二里所,止,令曰:"皆下马解鞍!"其骑曰:"虏多且近,即有急,奈何?"广曰:"彼虏以我为走;令皆解鞍以示不走,用坚其意。"于是胡骑遂不敢击。有白马将出,护其兵;李广上马,与十余骑奔,射杀白马将而复还,至其骑中解鞍,令士皆纵马卧。是时会暮,胡兵终怪之,不敢击。夜半时,胡兵亦以为汉有伏军于旁,欲夜取之,胡皆引兵而去。平旦,李广乃归其大军。

(《资治通鉴·汉纪·飞将李广》)

之二十二
做事要防患于未然

有一个成语叫"曲突徙薪",意思是说,把烟囱改造成弯的,把灶旁的柴草搬走,比喻消除可能导致事故发生的因素。这个成语与汉代人徐福有关。

当年,汉武帝的曾孙刘询为帝,即汉宣帝。霍光长期把持朝政,独断专行、骄横无比。茂林人徐福上书朝廷,"霍氏权势强盛,陛下既然厚爱他们,就应该想方设法约束他们,不要让他们发展到灭亡的地步!"徐福本是好意,但他一连上书三次,朝廷都不予理会。后来,霍氏家族果真谋反,被朝廷诛杀。汉宣帝论功行赏,一些曾经告发过霍氏的人都受到了封赏,而徐福却没有得到丝毫的赏赐。

有人对此鸣不平,但又不好直说,于是在上书汉宣帝的时候讲了一个故事,"从前,有一位客人到主人家拜访,看见主人家的烟囱是直的,旁边又堆着柴火,就对主人说,烟囱要改为弯的,还要把柴火搬远点,不然会发生火灾!主人没有理会。后来,主人家果然失火，邻居们一起抢救，才把火扑灭。主人杀牛摆酒，感谢邻居。在救火中受伤的人被尊为上座，其余的按出力大小依次就座，却没有谁去请那位建议他改烟囱移柴火的人。有人对主人说，当初如果听了那位客人的劝告，就不用杀牛摆酒，根本就不会有火灾。现在论功酬谢，建议改烟囱、移柴火的人没有功劳，救灾时被烧得焦头烂额的人才是上宾吗？主人醒悟，立即把那位客人奉为上宾"。这个人以此为例，希望汉宣帝明察，奖赏徐福"曲突徙薪"的远见，让他位居于那些"焦头烂额"之人的上面。

　　现实生活中，我们做很多事情，都会有一定的风险。早有预见，就会把风险和问题化解在萌芽状态，这就必须有远见、有预案；如果不早做打算，不考虑问题的严重性和事情发展的方向，就会"脚踩西瓜皮，滑到哪算哪"。如果这样，一些微不足道的小错就会酿成大错，小则损害个人的利益，大则关乎事业的发展。

　　看来，小事不小，切不可漠视；忠言逆耳，当听还须认真听。但愿，在我们的工作生活中，多点"曲突徙薪"，少些"焦头烂额"！

附：
曲突徙薪

客有过主人者，见其灶直突，傍有积薪。客谓主人更为曲突，远徙其薪；不者且有火患；主人嘿然不应。俄而家果失火，邻里共救之，幸而得息。于是杀牛置酒谢其邻人，灼烂者在于上行，余各以功次座，而不录曲突者。人谓主人曰，"乡使听客之言，不费牛酒，终亡火患；今论功而请宾，曲突徙薪亡恩泽，焦头烂额为上宾耶？"主人乃寤而请之。

（《汉书·霍光传》）

之二十三
教化百姓不可一蹴而就

《资治通鉴·汉纪》里讲了一个"龚遂教化百姓"的故事：渤海附近郡县闹饥荒，灾情严重。灾民们无以为生，纷纷起来造反（渤海左右郡岁饥，盗贼并起）。当地太守无能，无法控制局面。于是推荐原昌邑国郎中令龚遂为渤海太守。在龚遂的不断努力下，郡中都有了积蓄，官吏百姓都很殷实富足，刑狱诉讼案件也没有了，龚遂的名声越来越响。

那么，龚遂是用什么办法去教化百姓的呢？概括起来，有三个方面：

一是以良吏教民。谈及灾民造反的原因，龚遂认为："海濒遐远，不沾圣化，其民困于饥寒而吏不恤，故使陛下赤子盗弄陛下之兵于潢池耳。"意思是说，海滨地区远离京师，没有受过圣人的教化，那里的百姓挨饿受冻，官吏都不体恤他们，所以逼得陛下的子民偷了陛下的兵器在池塘里戏耍罢了。从龚遂的分析来看，这里既有客观原因，即"海濒遐远，不沾圣化"，又有主观原因，即"其民困于饥寒而吏不恤"。我看主观原因还是主要的。如果当地官员都能够尽心尽力地体恤百姓，多想百姓之困，多解百姓之忧，百姓虽有意见，但也不至于造反。所以教化百姓，还是应以"安抚"为主，切不可镇压了之。龚遂懂得这个道理，所以他办法很多，而老百姓之所以服他，关键在于他是一个理解百姓、为民造福的"良吏"。

二是以良方导民。就是教化百姓一定要有好的办法，这些办法应该是既积极又见效的。龚遂教化百姓就很有一套，比如，他命令所属各县将追捕盗贼的官吏全部撤回，凡是使着农具的都是良民，官吏不得追究，拿着兵器的才算盗贼。此举一出，很多结伙打劫的人都丢掉兵器拿起了农具。于是渤海郡的盗贼全部平息，百姓安居乐业。看来，只要有好的办法，不用费多少力，就能起到"事半功倍"的效果。

三是循序渐进，多措并举，切不可操之过急。安抚百姓、教化百姓，既要有好的办法，还要有一定的时间，一定的耐心。正如龚遂所说："治乱民犹治乱绳，不可急也；唯缓之，然后可治。"就是说，治理作乱的百姓，就像整理乱绳，不能着急，要慢慢来，然后才能得到治理。龚遂看到渤海地区风俗

-143-

奢侈，人们喜欢经商，不愿务农，于是自己以身作则，厉行节约，鼓励百姓务农种桑；还规定春夏两季必须到田里耕种，秋冬两季又督促百姓收割，还让家家户户多储存果实之类。通过一系列有效的措施，渤海地区的老百姓富裕了，社会也得到了长久稳定。试想一下，如果龚遂"下车伊始"，就动用军队镇压百姓，那结果又会如何呢？也许一些盗贼暂时会得到清理，但那只是治标不治本，从长远看，不稳定的因素会长期存在，这些"定时炸弹"不定什么时候又会爆炸。再者，如果龚遂不采取措施，带领百姓务农种桑，那么导致百姓造反的根源——饥荒永远也根治不了，"穷山恶水出刁民"的事迟早都会发生。

其实就这个问题，孟子早就说得很清楚了。当年，梁惠王治国很尽心，但在如何聚合百姓、教化百姓等问题上却始终让他苦恼不已。带着这些问题，他前去请教孟子，孟子的一席话让他茅塞顿开。

孟子说："不耽误农业生产的季节，粮食就会吃不完。密网不下到池塘里，鱼鳖之类的水产就会吃不完。按一定的季节入山伐木，木材就会用不完。粮食和水产吃不完，木材用不完，这就使百姓对生养死葬没有什么不满了。百姓对生养死葬没有什么不满，这是王道的开端。五亩大的住宅场地，种上桑树，五十岁的人就可以穿丝织品了。鸡、猪、狗的畜养，不要耽误它们的繁殖时机，七十岁的人就可以吃肉食了。百亩大的田地，不要耽误它的耕作时节，数口之家就可以不受饥饿了。认真地兴办学校教育，把尊敬父母、敬爱兄长的道理反复讲给百姓听，须发花白的老人就不会背负或头顶重物在路上行走了。七十岁的人能够穿上丝织品、吃上肉食，百姓没有挨饿受冻的，做到了这些而不能统一天下称王的还从未有过。"

从孟子的这些教诲中，我们似乎还可以领悟到一些道理，治理国家、教化百姓除了需要一定的时间和耐心外，还要尊重自然规律和社会发展规律，只有按照客观规律办事，着眼长远发展大局，顺应人民的期待，人民才能真正拥护你、跟随你，否则，即使你做得再多，最终也只会成为一无所有的"孤家寡人"。

所以，无论是治理国家，还是教化百姓，都不可操之过急，必须积极稳妥、顺时而为、顺势而谋；要多措并举，综合施策，切不可单兵突进；要有长远的眼光，从长计议，方能收到满意的效果！

附：
寡人之于国也

梁惠王曰："寡人之于国也，尽心焉耳矣。河内凶，则移其民于河东，移其粟于河内；河东凶亦然。察邻国之政，无如寡人之用心者。邻国之民不加少，寡人之民不加多，何也？"

孟子对曰："王好战，请以战喻。填然鼓之，兵刃既接，弃甲曳兵而走。或百步而后止，或五十步而后止。以五十步笑百步，则何如？"曰："不可，直不百步耳，是亦走也。"曰："王如知此，则无望民之多于邻国也。不违农时，谷不可胜食也；数罟不入洿池，鱼鳖不可胜食也；斧斤以时入山林，材木不可胜用也。谷与鱼鳖不可胜食，材木不可胜用，是使民养生丧死无憾也。养生丧死无憾，王道之始也。五亩之宅，树之以桑，五十者可以衣帛矣。鸡豚狗彘之畜，无失其时，七十者可以食肉矣。百亩之田，勿夺其时，数口之家，可以无饥矣；谨庠序之教，申之以孝悌之义，颁白者不负戴于道路矣。七十者衣帛食肉，黎民不饥不寒，然而不王者，未之有也。狗彘食人食而不知检，涂有饿莩而不知发，人死，则曰：'非我也，岁也。'是何异于刺人而杀之，曰'非我也，兵也'？王无罪岁，斯天下之民至焉。"

（《孟子·梁惠王上》）

之二十四
命运迥异的"狂人"

历史上,"狂人"很多,但最终的命运各不相同。《资治通鉴》中记录的几个"狂人"的故事,很能说明一些道理,也给人一些启示。

一类是以智慧保全性命的"狂人"。汉代的东方朔就是这样的人。东方朔是汉武帝时代齐国的一名儒生,由于他博学好古,通经术数,便成为被地方举荐的人才。由于他懂《易》术,又机智善变,武帝非常赏识他的才能,任命他做常侍郎。但其才能也受到一些大臣的嫉妒,有人主张应该杀掉他。但最终都是以他的机智善变而化险为夷。应该说是他的智慧挽救了他的性命。如果仅有一时的智慧,是很难应付复杂多变的形势和错综复杂的人际关系的,也很难维系汉武帝对他的长期宠幸和充分信任。也许因为一件小事触犯皇上和身边的大臣,就会命丧黄泉。客观地说,东方朔确实"狂",但他狂得有底气,狂得有分寸,狂得有道理。

二类是无欲则刚的"狂人"。汉光武帝刘秀时代的严子陵就是如此。严子陵是刘秀的同窗,刘秀称帝后,派人寻找严子陵,请他做官,但他却生来厌恶官场,不愿享受朝廷俸禄。汉光武帝多次派人去请他,他都置之不理。使者硬是强迫把他送到京城,每日好酒好菜招待,但严子陵就是不屑一顾。旧时好友、当朝的大司徒侯霸亲自来做工作,结果还反被教训了一顿。刘秀亲自登门,严子陵根本不理。刘秀和他睡在一起,严子陵还故意大声打呼噜,并把腿压在汉光武帝身上。后来,汉光武帝封他为谏议大夫,他就是不肯上任,仍旧过着他的隐居生活。要说"狂",此人确实狂,但有时狂得也太离谱,狂得连皇上都可以不理。追根溯源,还是他一无所求,他不求任何人办任何事,不想一味地通过阿谀奉承去达到自己的目的,所以才敢藐视权威、藐视一切人。"壁立千仞,无欲则刚",说的就是这个道理。

三类是专横跋扈的"狂人"。这类人在历史上屡见不鲜,汉代的窦宪就是一个典型。公元88年,汉章帝病死,和帝继位,尊章帝的皇后窦氏为皇太后,窦太后临朝。窦宪就是窦太后的哥哥。他倚仗皇太后的权势,奉行"顺我者昌,逆我者亡"的原则,专横跋扈,滥杀无辜,祸国殃民,把国家弄得一团糟。窦宪的门客曾经告诫他:"今宠禄初隆,百僚观行,岂可不'庶几夙夜,以永终誉'乎!——外戚所以获讥于时,垂愆于后者,盖在满而不挹,位有余而仁不足也。"就是说,如今您的恩宠和官位正开始上升,朝中百官都在观察您的所作所为,怎能不以终日的小心谨慎,求得终身的荣耀呢?——外戚的人之所以被当时的人讥嘲,被后世责备,原因在于权势太盛而不知退让,官位太高而仁义不足。应该说,这些劝诫是很有道理的,但可惜窦宪利欲熏心、利令智昏,根本就不听这些意见,照样我行我素。结果,到了公元92年,汉和帝对窦宪一党来了个一网打尽,窦宪是自杀而亡。

然则,东汉顺帝时的大将军梁冀,与窦宪比起来,其狂妄程度有过之而无不及。为了一己之利,他可以毒死质帝;他任人唯亲,提拔亲属,并任由他们贪得无厌,凶暴荒淫;他巧取豪夺,大兴土木,极尽奢侈之能。梁冀夫妇竞相夸奢,把东汉朝廷搞得乌烟瘴气、一片黑暗。后来,桓帝感到他们的权势太大、作恶太多,决定除掉他们。最后,梁冀夫妇畏罪服毒自杀。正所谓,多行不义必自毙。类似窦宪、梁冀这样一意孤行、专横跋扈的"狂人",最终只落得身败名裂的下场,实在是可悲可叹!

纵观历史可知,人活一世,都应该有性格、有主见,但不能太狂妄。如果生性狂妄,耀武扬威、忘乎所以，那么窦宪、梁冀的结果可能就是你的下场；夫人之相与，俯仰一世，还是谦虚谨慎为妙啊！如若盲目狂妄，而又没有必备的才能和智慧，而且还遇上个不理解你的上司，那离失败和灭亡就不远了。

之二十五 多面人生看曹操

曹操是"奸雄",这是大家所公认的。曹操为什么是"奸雄",而不是"枭雄"呢?有环境所迫,亦有性格使然。概括起来,在曹操身上有几点特质似乎表现得尤为突出:

一是勇猛。在那兵荒马乱的年代,勇猛是一个人成功的基本前提。正是因为曹操勇猛无比,在攻打黄巾军的战斗中立下了非凡的战功,所以他升了官,还被调回洛阳。当时在朝中掌权的董卓就看上了他。至于说曹操知道董卓生性残暴,不愿为他做事,那是另外一码子事。至少这些都说明,在那个特殊的年代,要得到上司的赏识,勇猛是最基本的。这点曹操做得很到位。

二是心计。要生存,要发展,必须有必要的心计。小处说,做什么事,都要小心谨慎,不至于使自己吃亏上当;大处说,要立足长远,胸怀大局。曹操在这点上做得是很不错的,也可以说他很有心计。仅举一例就可以说明：公元196年，汉献帝逃离长安，回到洛阳，但洛阳已是一片废墟，皇帝就住在临时搭建的草棚里，每天派大臣出去挖野草充饥。曹操得知这个情况后，觉得可以"挟天子以令诸侯"。于是他就派人把皇帝接到许昌，把许昌改为临时的都城，自封为大将军。在一般人眼里，此时的皇帝落难，一点用处都不会有，大家避之唯恐不及。但曹操却独具慧眼、另辟蹊径，正是他的这一举动，为他后来称王奠定了坚实的政治基础。与其说这是一步好棋，不如说这是曹操善于心计的生动表现。

　　三是谋略。做事不能盲目，一定要有技巧，要有方法，要有策略，这样才能有事半功倍的效果、才会有令人满意的结局。比如，随着军队越来越多，摆在曹操面前的就是粮食问题。由于连年战火，农村的田地都荒芜了，没有耕种。于是他就颁布屯田令，并下达命令：不管任何人，损坏了庄稼都要严惩不贷。但有一次不经意之间，曹操的战马踏坏了庄稼，曹操就要求处罚自己。下属都不肯下手，曹操自己则拔出腰刀，割下自己的一缕头发以示处罚。由于他以身作则，带兵严谨，治军有方，几年下来，粮仓里装满了粮食，士兵们作战勇敢，四面八方的老百姓纷纷来投靠他。曹操这些严厉治军的方法和谋略，不是一般人都能具备的。

　　四是决断。对于一个将领来说，优柔寡断是致命的；关键时刻的毅然决断，是成就事业的重要品质。纵观曹操的一生，在几次紧要关头，都是因为他的决断，才逃过一劫。当年，在受到董卓重用的同时，他如果不毅然决然地离开董卓，陈留起兵，可能会成为他的"刀下鬼"；如果他看不到袁绍的弱点，一味盲从，久在袁绍的麾下，也难以有大的作为。所以，当曹操率领自己的残兵败将回到联军营寨，看到袁绍正与其他将领饮酒作乐之时，他十分气愤，当机立断率领自己的军队离开了联军。曹操出身宦官家族，但他立足天下，在政治立场上与宦官家族决裂，这就为他起兵准备了政治条件。正是因为他的一次次正确的决断，加上他本人的谋略和见识，一代"奸雄"就此登上了历史舞台。

　　五是偏狭。曹操本是一个很大气的人，这从他的《观沧海》一诗中可以看出，诗中那种豪迈的气势，真叫人拍手叫绝。但想不到他也是一个心胸极为狭窄的人。比如，在对待吕布的事情上，就做得不是那么圆满。吕布骁勇善战，虽有反复无常、好利忘义的缺点，但曹操也很仰慕他的才能。曹操想使用他，却又怕吕布以后背叛他，自己落得与董卓一样的下场，于是他就下令处死了吕布。吕布的死，是他个人的悲剧，但也反衬出曹操性格中的多疑、偏狭。这种性格在一定的环境中保全了自己，但从长远看，他的很多失败就是因为他的这种性格所导致的。他的对手正是利用了他的这种性格，才屡次险些置他于死地。

在人们的印象里，曹操无疑是一个很有争议的人物，可谓仁者见仁、智者见智。但曹操的功绩是不可抹杀的，他的一些所作所为也是可以借鉴的。当然，曹操人性中的一些弱点，是不可取的，后人视之，当引以为戒。这才是对一个历史人物公平公正的评价。

历史上，刘墉的人生也具有多面性，但他与曹操相比较，似乎又有一些不同的特点。

刘墉作为刘统勋的长子，颇受乾隆帝的关爱。刘墉早年虽然聪明好学，通古今，但三十岁以前连个举人的功名都没有考取，乾隆帝加恩名臣之后，刘墉遂以恩荫举人的身份于乾隆十六年（1751年）考中进士，从此开始了他长达五十余年的仕宦生涯。

前一时期可谓是他生命的黄金时段。他主要在地方为官，从学政、知府、道员、按察使、巡抚，一路拾阶而上，虽然步履蹒跚，但还是一步步攀升，执著而有为，刚正而果敢。尤其是在他任江宁知府期间，抗总督、斗权贵、破奇案、察民情、得人心，号称包龙图再世,"名播海内,吏民畏服,天下无不服其品谊"。此间,他严拒官场旧习,整饬士林风气,搜查禁毁书籍,不遗余力;推动文字狱案,承风袭旨;惩治民间会党,竭尽全智;他甚至自掏腰包,主动为乾隆刊刻《御制集》。

乾隆四十七年(1782年)以后,刘墉好像变成了另外一个人。这时,他主要在中央为官,历任各部尚书,升职协办大学士,成为名副其实的"副宰相"。也许是在权力金字塔的攀登中感到很疲惫,官居一品的刘墉以前的品格荡然无存,他变得"模棱两可",甚至像狐狸一样,藏起自己的尾巴。为此,他招致乾隆帝的多次严厉训斥。一次,乾隆向刘墉询问新任知府戴某品行如何,作为吏部尚书的刘墉却以"也好"应对,乾隆为此大为光火。刘墉的"模棱"还表现在取士上。以前他不满世风日下,每次取士,均以严厉著称,中年以后,他再任考试官,都以宽容取悦士人。

前后判若两人的刘墉尽管以"模棱为自全之计",但五十余年的为官生涯还是让他饱尝了宦海风波。他入仕不久,即受父亲牵连,被打入刑部大牢,初次领略了世事变幻无常。以后他因下属亏空险被处决,虽然"皇恩浩荡",但两年的流放生活,无疑给刘墉的仕途留下了阴影。乾隆五十四年(1789

年），因上书房师傅集体旷工事件，刘墉作为总师傅被革去"协办大学士"，不但招致乾隆皇帝的当朝羞辱，而且与大学士一职失之交臂。

应该说，曹操和刘墉所处的时代完全不一样，他们的性格也迥然不同，我们绝不能用同一个标准去衡量或评说他们的所作所为，但是从他们的身上都可以给我们一些同样的启示：人的性格不是一成不变的，它会随着环境的变化而变化，"多面人生"有时是被逼所致，也是无奈之举；有时以"多面人生"避开危险的境地，不失为明智之举，倘若以"多面人生"去行不义之事，那就不足为取了，其结果只能是遭人唾弃，受人贬损。人生在世，到底应该以何种面目对人对事，相信大家的心中都有一杆秤。

附：

观沧海
曹操

东临碣石，以观沧海。
水何澹澹，山岛竦峙。
树木丛生，百草丰茂。
秋风萧瑟，洪波涌起。
日月之行，若出其中。

星汉灿烂，若出其里。
幸甚至哉，歌以咏志。

之二十六
聪明反被聪明误

在《资治通鉴》中,收录了许多聪明人的故事。这些聪明人有一个共同特点,就是才华横溢、出类拔萃。但这些聪明人的最后结局却完全不一样:有些聪明人高调做事,低调做人,赢得主子的欢心,飞黄腾达,光宗耀祖;而有些聪明人看似聪明,却恃才傲物,目中无人,虽然出了一些好的主意,但最终或因处理不好各方面的关系,或因办事不当、惹怒主子,或因被人猜忌,搞得自己身败名裂,正所谓"聪明反被聪明误"。在这方面,汉代的杨修可以说是一个典型。

"修字德祖,好学,有俊才。"意思是说,杨修,字德祖,勤奋好学,才学出众。杨修担任曹操的主簿后,确实为曹操出谋划策,做出了很大贡献。但后来杨修却被曹操杀害了。为什么?因为他太聪明了,聪明得让曹操坐卧不安、心惊胆战。试想想,如果你侍候的主子有了如此这般感受,你能有好果子吃吗？

那么，杨修是怎么得罪曹操的呢？

一次是，曹操命人建造了一座花园后，他前往观看，看完后不说好也不说坏，在大门上写下一个"活"字。大家不解其意，只有杨修开了腔，"门里面一个活字，应是阔字，丞相可能是嫌园门太阔了"。于是重新招来工匠修了一个园门，曹操看了非常高兴。这本来是一件很圆满的事，但当曹操得知是杨修的意见后，他虽然连连称赞，但心里却暗暗忌妒。

又有一次是，塞北的少数民族送来一盒酥，曹操随手在盒子上写下"一合酥"。杨修见了，就把这盒酥给分了。曹操问其意，杨修说，"一合酥，不是一人一口酥吗？"曹操虽然面带笑容，但内心却十分讨厌这种自作聪明的人。

又有一次是，曹操害怕别人谋杀自己，所以故意说，当他睡觉的时候，人们不要靠近他，否则他会做梦杀人。一次侍奉他的人不知他装睡，而去捡被他踢开的被子，结果被曹操杀害了。事后，曹操装作后悔莫及，安排厚葬此人。本来此事就这样过去了，你好我好大家都好。对待这件事，大家虽然心知肚明，但都故意装起糊涂。这时杨修却很"清醒"，他指着棺材说，"恐怕丞相不在梦里，而是你在梦里吧"。曹操听后,更加讨厌杨修了。

还有一次是,杨修想辅助曹植为太子,多次给曹操出谋划策,想加害曹丕。最后,曹操怀疑杨修陷害曹丕,更加厌恶他了,就有了杀杨修的想法。

最后一次是,曹操驻军汉中,进退两难之际,无意之中说出"鸡肋"二字。这本是曹操的无意之语,却被杨修理解为"夫鸡肋,食之则无味,弃之则可惜,公归计决矣"。意思就是说,鸡肋,吃着没有多少味,扔了就很可惜,看来曹公已经下了班师的决心。结果军中的官兵都收拾行装,准备撤军。这下可惹火了曹操,他以动摇军心为名,把杨修给杀了,解除了心头之患。

所以,从杨修的身上我们可以看出,"聪明"本不是什么坏事,把握好了,就是立身之本、安命之道、生存之基;把握不好,就会适得其反,自讨没趣,严重的还会使自己身败名裂,引来杀身之祸。

说到"聪明反被聪明误",不得不说说《红楼梦》里的王熙凤。人们在读《红楼梦》时,一方面惊叹于王熙凤无与伦比的治家才能,以及应付各色人等的技巧,一方面又感慨于她的悲惨结局。她是文学作品中"聪明反被聪明误"的典型。人们给王熙凤的评价是这样的:"机关算尽太聪明,反误了卿卿性命。生前心已碎,死后性空灵。家富人宁,终有个家亡人散各奔腾。枉费了，意悬悬半世心，好一似，荡悠悠三更梦。忽喇喇似大厦倾，昏惨惨似灯将尽。呀！一场欢喜忽悲辛。叹人世，终难定！"

王熙凤在贾府算是一个"巾帼英雄"了，她想尽各种办法，使用种种计谋，想使贾府振兴起来。然而她的努力，却换来了贾府上下的一片不满，最终也没有使贾家有什么起色，死后甚至连女儿也保不住。凤姐"于世路上好机变，言谈去得"，"心性又极深细，竟是个男人万不及一的"，"少说着只怕有一万心眼子，再要赌口齿，十个会说的男人也说不过她呢"，"从小儿大妹妹玩笑时就有杀伐决断，如今出了阁，在那府里办事，越发历练老成了"，"真真泥腿光棍，专会打细算盘"，"天下人都叫你算计了去"，"嘴甜心苦，两面三刀"，"上头笑着，脚底下使绊子"，"明是一盆火，暗是一把刀"。这些她都占全了。这些评价活脱脱展现出了一个机关算尽太聪明的人物。

然而，就是这样一个十分精明的人物，却落得孤家寡人、身心劳碌至死最终又一无所得的下场，岂不正应了"聪明反被聪明误"那句话吗？的确，王熙凤只知进、不知退，只知耍小聪明、不知厚道待人，只知损人利己、不知深藏于密。甚至连自己的丈夫也数落她、背叛她，她实在是活得好累好苦，而这一切的根源,却都在于她的爱耍小聪明。

　　杨修、王熙凤之辈确实绝顶聪明,但他们的命运最后都较悲惨,实在令人扼腕叹息!那么,如何才能做到聪明不被聪明误呢?我想大概有几点应该把握:一是低调。就是说,不管行什么事,说什么话,都不能盛气凌人、颐指气使,否则会引起无端忌恨。二是装糊涂。一事当前,虽然自己看得很清楚、很明白,但也要充分考虑周围的环境和自身所处的地位,决不能"竹筒倒豆子",不分青红皂白地全盘托出,该糊涂时一定要糊涂。否则,有时虽然是好意,但就会因为出言不逊、时机不合,而惹来更多的麻烦。其实在有些时候,"难得糊涂"本身就是一种聪明的表现,因为他没有被聪明的外表所迷惑,而真正理解了聪明的含义,更加善于在"糊涂"中了结自己的心愿,办好自己的事情。正如培根先生所说:"生活中有许多人徒然具有一副聪明的外貌,却并没有聪明的实质——'小聪明,大糊涂'。冷眼看看这种人怎样机关算尽,办出一件件蠢事,简直是令人好笑的。"三是要讲程序。有些事急则坏事,慢则有余。有些事如果不讲程序,也会乱套。上级有指示,严格按指示办;上级没指示,严格按程序办。如果一意孤行、我行我素,也会带来很多烦恼。四是不惹事。无事不生非,有事不怕事,尽心尽力做好分内之事，别人的事少掺和，这样就能赢得忠诚职守的名分，最终也不会惹火烧身。

　　杨修四十五岁，正是年富力强的时候，却因才误身，被奸诈多疑的曹操所杀；王熙凤因绝顶聪明，反误了卿卿性命，实在令人痛惜。世上聪明人很多，都当以他们为鉴！

之二十七
有才（财）也不能任性

历史上，有许多有才（财）之人，但最后结果都不太理想，原因很多，但"任性"是最重要的一条，其主要表现无非是以下几点：

一是目中无人，不能平等待人。比如，三国时期江南的刘巴，确实是个大才子，也为曹操、刘璋、刘备等人出了很多好的计谋，大家都很器重他、佩服他，但他最大的毛病就是看不起人。刘备的结拜兄弟张飞十分敬仰刘巴的名声，他去刘巴家里做客，刘巴却不理睬他。张飞很生气。诸葛亮也劝刘巴要善待大家。不料刘巴却说："堂堂大丈夫，当结交四海英雄，岂能和一个大兵说话！"刘备听了后，却不高兴了，他说："我想定天下，才容纳各种人才，刘巴竟来捣乱，他本来就心在曹营，岂是帮我打天下的？"看来，刘巴得罪别人还说得过去，得罪了刘备的结拜兄弟，问题可就严重了。这点从刘备的话语中就可见一斑。可想而知，自己的顶头上司对自己有了这样的印象,刘巴的结局可就好不到哪去了。

二是不因势而谋,背道而驰。有才肯定是好事,敢说真话也是好的品德,理应提倡。但一定要因人而异、因势而谋,否则只会事与愿违、适得其反,严重的会危及自己,引火烧身。这里我们不得不再次提到刘巴。当时,刘备准备当皇帝时,刘巴和益州雍茂劝说刘备,"曹丕称帝,中原的人未必服他,他们正要来蜀中投靠大王,兴复汉室,如果你也称帝,他们会失望的"。他们俩虽然是好心,但在这个时候说这种话,显然是不合时宜的。你想,当时如日中天的刘备听了这话是什么感觉,他肯定认为,你刘巴、雍茂不是明显瞧不起我吗?结果刘备很生气,这一生气问题就严重了。后来,刘备找了个借口把雍茂给杀了;对刘巴呢,碍于他的名气,给了他一条生路,但刘备从此再也没有重用过刘巴,只让他起草一些文诰、策命之类的东西。

三是不小心谨慎,恃才傲物。有才的人大都有一些特别的性格,这本无可厚非,但如果自己不小心谨慎,有时也会惹出很多麻烦。关羽是家喻户晓的三国名将,其武才可以说享誉盛名。但他也有个毛病,一般的人他瞧不起,总想显示自己是五虎将之首,所以除了在战场上横冲直撞外,对一些形势的判断就显得不那么谨慎。比如,当初,东吴孙权为拉拢关羽，派人做媒，想聘关羽之女为儿媳，以结为亲家，哪知关羽回绝："虎女焉能嫁犬子？"令孙权颜面扫地。从此结下梁子。骄狂必败，后来，在对樊城的包围过程中，关羽得知年轻后生陆逊接替吕蒙，认为陆逊不足挂齿，心中麻痹起来，后来他放心大胆地将后方的军队调来，结果荆州防备空虚，孙权乘虚而入，夺得荆州，关羽败走麦城，被吕蒙所俘，斩首于麦城。

有"才"不能任性，有"财"也不能任性。倘若任性而为，也不会有什么好下场。

松江人顾威明的曾祖，明朝时官至少参，富而好礼，曾出银十万四千多两，置义田四万八千多亩，全郡人都从中得到过好处。之后家道中落，到了顾威明这里，已经是吃了上顿没下顿了。朝廷知道后，下令地方政府尽还其产，于是他们家又有钱了。按说，现在有钱了，更应该小心谨慎才是。但顾威明不这么想，他觉得有了钱，就应该任性一把。他好赌，又喜欢看戏，看到突然有了这么多产业，觉得应该庆祝庆祝，于是请来四方伶人演汤显祖的《牡丹亭》。其中一个伶人已经蓄了胡须，顾威明却要他饰演杜丽娘，那个伶人说："俗话说，去须一根，偿米七百，如果您舍得，在下自当效劳。"顾威明抚掌而笑："小事一桩。"叫一个青衣在旁边数数，共计剃须四十三根，当即取白米三百石送至其家。不过，他也就任性了四五年，后来因交不起税被县官抓了，最后吊死在狱中。

  这些故事虽然耳熟能详，但都在告诉我们：人不管是才高八斗，还是腰缠万贯，都不能太任性；无论在什么时候，都须心怀敬畏、谨慎行事，切不可恃才傲物、挥金如土、肆意妄为。常言道，小心使得万年船。任性而为，祸莫大焉！

之二十八
纸上谈兵要不得

《资治通鉴》中记录了几个"纸上谈兵"的故事，其中赵括和马谡应该是比较典型的。

先说马谡。马谡的才气和抱负超过常人，平时很喜欢议论军事谋略，在外人看来他是很懂军事的，就连诸葛亮也很器重他。但汉昭烈帝刘备却很清醒，临终之际还叮嘱诸葛亮，马谡"言过其实，不可大用"，就是说，马谡言语浮夸，超过实际才能，不可委以大任。但在出兵祁山的过程中，诸葛亮不用魏延、关懿等旧将，偏让马谡统领各军，结果马谡仅凭书本上学到的一点军事知识，又违背诸葛亮的指挥调度，一意孤行，放弃水源上山驻扎，不在山下据守城邑，结果被张郃断绝水源，蜀军大败。最后落得"收谡下狱，杀之"的下场。街亭失守，固然有诸葛亮用人失策的原因，但致命的原因还是马谡的"纸上谈兵"所致。

再说赵括。公元前260年，秦军集中兵力攻下上党郡。上党的百姓逃往赵国,赵国在长平设防,派老将廉颇为统帅,抵御秦军。廉颇经验丰富,他见秦军势力强大,便命令军队坚守营寨,即使秦军屡次挑战,也不出来应战,秦军拿他一点办法也没有。这时,秦国施行反间计,他们派奸细到赵国扬言,"秦国最害怕赵国的将军赵括,廉颇不敢应战,容易对付,他就快投降了"。结果赵王听信了流言,调回廉颇,派赵括为统帅,到长平与秦军作战。岂知,赵括就是一个只读过一些兵书,没有多少实践经验的年轻人,而秦国的统帅白起可是一个久经沙场的老将,两相比较,胜负早在预料之中。赵括到达长平后,一改廉颇既定的策略,仅凭一腔热血和从书本上学到的一点知识,一味迎合赵王和一些人不正确的意见,正面与秦军作战。结果赵军士兵被困无援,只得仓促突围,突围不成,赵括被秦军射死,40万赵国士兵向秦军投降并被活埋。从此,赵国一蹶不振。长平之战的失利,固然有多方面的原因,但错用了"纸上谈兵"的赵括是致命的错误。

　　所以,我们看一个人的才能,不仅要看他说得有多好,关键要看他做得有多棒。如果只会说不会做,那肯定是会误事的。多用实干之人,少用浮夸之徒,这才是用人之道、兴邦之基。我们常说,空谈误国,实干兴邦,说的就是这个道理。

之二十九
宽以待人受人尊

宽以待人，历来是可贵的品德，也是为人之道、成事之基。这样的人一定是会受到尊重的，事业也一定会顺风顺水。宽以待人，有时说起来容易，但有些人却很难做到。历史上，三国时候的蒋琬就做得很好。

本来，蒋琬也是一个孤芳自赏的人。想当初，诸葛亮很赏识他，就把他推荐给刘备。刘备占据四川后，任命蒋琬为广都县令。但蒋琬觉得自己大材小用，就闹起了情绪，他"众事不治，时又沉醉"（不理政事，时时喝酒）。而且更有甚者，连刘备来巡视，也不去迎接，不予理睬。这下，刘备就不高兴了，下令把蒋琬立即处死。（"备大怒，将加罪戮。"）诸葛亮爱才，为蒋琬求情，还说，"蒋琬社稷之器，非百里之才也"。就是说，蒋琬是国家的栋梁之才，并不是那种只能做管理方圆百里的县令的人才。有了诸葛亮的担保，刘备也就赦免了蒋琬。想想，如果不是刘备的宽厚，恐怕蒋琬早就没命了，他也不可能成为诸葛亮的后继者。

后来，蒋琬似乎吸取了这次惨痛的教训，调任什邡做县令以后，一改以前的作风，兢兢业业，尽心理政，受到当地老百姓的交口称赞。再后来，刘备当了汉中王之后，把蒋琬调到成都，让他做了尚书郎。诸葛亮死后，后主刘禅又任命蒋琬为尚书令、大将军。在蜀汉政权的中后期，蒋琬起着相当重要的作用。

但对于蒋琬的提升和显赫的地位，也有人不服。当时，担任东曹掾的杨戏就是一个。蒋琬每次找他商量事情，他都是躲在家里，置之不理，一副清高孤傲的样子。蒋琬十分难堪，但也不生气。或许他在想，我当初不也是这样吗？为什么要不高兴呢？所以当别人劝他教训一下杨戏时，他反而说，"人的心各有不同，就好像人的面孔各有不同一样，如果一个人口是心非，当面一套，背后一套，这种卑劣行为，连古人都看不起。杨戏不是那种口是心非的人，所以我们在一起议事时，他不愿违心地同意，如果公开表示反对，又显得我的意见不对，影响我的威信，所以他只好沉默不语，这样做正是他认为最适当的地方"。你想，不管什么人，听到这样知情达理、入脑入心的话，哪有不高兴、不服气的道理？

所以，杨戏非常感动，与蒋琬的关系缓和了很多。

另外一个是督农官杨敏。此人也是一个自高自大的人，他只服诸葛亮一人，并且经常在背地里诋毁蒋琬。对此，蒋琬并不以为然，他有自知之明，就很坦然地说："我的才干的确不如诸葛亮，别人这么说又有什么关系呢？"后来，在姜维北伐时，杨敏奉命运粮，但他玩忽职守，差一点让姜维全军覆没。后主刘禅非常生气，下令处死杨敏，株连三族。许多人都认为杨敏必死无疑，但蒋琬却出面力保杨敏，他劝谏刘禅："杨敏犯了军法，应当治罪，但他当督农时，工作很出色，现在正是用人之际，不应杀他；再说，杨敏犯法，他的家人并无罪过，我们不能因为一个人有过失而株连全家啊！"于是，刘禅对杨敏从轻发落，只把他流放到了南疆。

杨敏可是得罪过蒋琬的人。当杨敏面临杀身之祸的时候，蒋琬不仅没有公报私仇，落井下石，而且还极力出面保护他，这恐怕是一般的人做不到的，这也正是他的高尚之处、高明之举。由此可见，蒋琬与诸葛亮、费祎、董允合称为"四相"，又被誉为"四英"，是有道理的。

说到"宽以待人"，让人不禁会想起那个顾全大局、忍辱负重的蔺相如。想必大家都读过《史记·廉颇蔺相如列传》，其中就详细叙述了赵国将军廉颇和上卿蔺相如的故事。廉颇，赵国良将，一生战功赫赫，威名四震。蔺相如因完璧归赵和渑池之会上的壮举，深得赵王器重，被任命为上卿，位在廉颇之右。这时，问题就来了，身为老将的廉颇对此肯定不服，就连他的门客也想不通，于是他们在外面到处放话诋毁蔺相如。廉颇也很想找机会羞辱蔺相如。一段时期，蔺相如避而不见廉颇，以免引起冲突和尴尬。蔺相如的舍人们也看不下去了，有些还想弃他而去。想不到此时蔺相如的一席话让他们打消了"辞职"的念头，蔺相如说："凭着秦王那样的威风，可是我蔺相如公开在朝廷上呵斥他，羞辱他的大臣们，我虽然无能，难道会单怕廉将军吗？但我想到，强暴的秦国之所以不敢对赵国施加压力，只因有我们两个人在。假如两虎相斗，势必不能同存。我所以这样做，是因为把国家的急难放在前头而把个人的仇怨放在后头啊！"你想，有谁听了这话还不受感动的呢！于是廉颇羞愧难当，后负荆请罪，乃至两人最终成为生死之交。在这个故事里，蔺相如"宽以待人"的性格和胸怀显露无遗。正因为如此，他们之间的故事才能经久流芳、传为佳话。

说到此，我觉得还有一个故事也很值得一提。明朝有个官吏叫夏原吉，当过户部主事和尚书，是当时政坛上一位举足轻重的人物。一次，夏原吉到

品读与感悟

了苏州。当地厨师特意做了一盘苏州蒸肉给他尝，可是不小心放多了盐，厨师怕夏原吉生气，就站在一旁等待责罚。没想到夏原吉吃饭的时候，尝了一块后就推说自己近来不喜欢食肉，只吃了些米饭、蔬菜，便离开了。厨师见夏原吉很巧妙地为他遮掩了过失，心里十分感动。又有一次，夏原吉出访外地，夜宿在一家驿站，早上起床穿衣时，发现少了一只袜子。原来，驿站差役夜间给他烘袜子时，不小心烧掉了一只。差役怕驿站老板把他赶走，所以不敢以实情相告。夏原吉了解实情后，笑着对他说："不要紧，我这儿还有换洗的袜子呢！"驿站的差役流着泪对夏原吉说："有些官员无事还要找碴儿打骂我们，像您这样的官，对我们太好了，我还是第一次见到呢。"是啊，像夏原吉这样宽厚待人的官员，还有谁会怨恨他们呢？

　　掩卷深思，我们不禁会想，蒋琬、蔺相如、夏原吉这些人为什么能够如此受人尊重呢？我想，除了他们才智超群、治国有方以外，更重要的是他们宽以待人，赢得了人心，为他们干事创业奠定了坚实的基础。这种高尚的品德，应该成为我们做人做事的楷模。在漫长的历史长河里，类似蒋琬、蔺相如、夏原吉这样的人很多。这样的人，无论在什么时候，都应该受到格外尊重！

之三十
不为假象所惑

假象往往具有很大的迷惑性,如果不分辨真伪,执迷不悟,那是要坏事的。

寓言《乌鸦与狐狸》的故事很能说明这个道理:有只乌鸦偷到一块肉,衔着站在大树上。路过此地的狐狸看见后,口水直流,很想把肉弄到手。它便站在树下,大肆夸奖乌鸦的身体魁梧、羽毛美丽,还说他应该成为鸟类之王,若能发出声音,那就更当之无愧了。乌鸦为了要显示他能发出声音,便张嘴放声大叫,而那块肉却掉到了树下。狐狸跑上去,抢到了那块肉,并嘲笑说:"喂,乌鸦,你若有头脑,真的可以当鸟类之王。"我们痛恨狡猾的狐狸,但只图虚名、不辨真伪的乌鸦难道我们就应该同情吗?我看未必,那些被假象迷失双眼、盲目行事的"乌鸦"们才是最不明智,也是最愚蠢的。

历史上,很多人被假象所惑,最后身败名裂,甚至付出生命的代价。在这芸芸众生之中,三国时魏国的曹爽就是一个代表。

魏明帝曹睿病重之时，把年仅八岁的太子曹芳托付给曹爽和司马懿共同辅佐。曹芳即位后，封两人为侍中，共同执掌朝廷大权。曹爽是皇帝宗室，是曹操的侄孙、曹芳的父辈，自从掌握大权后，就野心勃勃，总想总揽大权。这样，同为侍中的司马懿自然就成了曹爽的眼中钉、肉中刺。所以，曹爽总想利用一切机会孤立、排挤司马懿，并伺机夺权。

司马懿可是个绝顶聪明的人，他早看在眼里，谋在心中。为了消除曹爽的怀疑，更好地保全自己，他干脆称自己年老有病，不上朝参与政事。这下正中曹爽的下怀，他更加肆无忌惮，胆大妄为。但他仍对司马懿放心不下，担心他是装病。于是借机派他的心腹去司马懿家中探个究竟。司马懿装得还真有那么回事：卧床不起、站立不稳、衣冠不整、咳嗽不止、茶饭难进、头歪手抖、言语不清、装聋作哑。得知这一情况，曹爽高兴了、放心了，做事也就没那么小心谨慎了。后来，曹爽陪皇帝外出祭扫高平陵，开出洛阳城。此时，司马懿精神抖擞，发动兵变，封锁洛阳城。曹爽不得已，只得向司马懿投降，并被废为庶民。曹爽以为这样就可以过上平安的生活，其实并非如此。后来，司马懿唆使亲信告发曹爽谋反，下令把曹爽兄弟及其亲信抓起来砍了头，并灭掉了他的三族。

曹爽的人生确实是一个悲剧，这在很大程度上是由于他不辨真伪，不明事理，被假象所惑所造成的。反过来说，我们又不得不佩服司马懿那种善于伪装，以退为进，韬光养晦的心计和谋略。看来，在"假象"面前，还是应该始终保持清醒的头脑，切不可轻易上当受骗。

但可惜，历史上被假象迷惑、上当受骗的人还不只曹爽一人，春秋时吴王夫差又是一个。春秋时吴越之战，勾践先败于夫差。吴王夫差罚勾践夫妇在吴王宫里服劳役，借以羞辱他。越王勾践在吴王夫差面前卑躬屈膝、百般逢迎，骗取了夫差的信任，终于放他回到越国。勾践被释放回越国之后，卧薪尝胆，不忘雪耻。吴国很强大，越国靠武力是不能取胜的。越大夫文种向他献上一计："高飞之鸟，死于美食，深泉之鱼，死于芳饵。要想复国雪耻，应投其所好，衰其斗志，这样，可置夫差于死地。"于是勾践挑选了两名绝代佳人——西施、郑旦，送给夫差，并年年向吴王进献珍奇珠宝。夫差认为勾践已向他臣服，所以一点也不加怀疑。夫差整日与美人饮酒作乐，连大臣伍子胥的劝谏也完全听不进去。勾践看在眼里，喜在心中。公元前482年，吴国大旱，勾践乘夫差北上会盟之时，突出奇兵伐吴，吴国终于被越所灭，夫差也只能一死了之。

　　从曹爽和吴王夫差的故事中，我们似乎可以得到如下启示：一个人位置无论多么显赫，都不能居功自傲、盛气凌人、野心膨胀；一个人无论如何顺风顺水，都要如履薄冰、居安思危，切不可为各种假象、各种奉承所迷惑，一定要小心谨慎，分辨是非，区分良莠，稳步前行。对待假象，就像对待陷阱。明知是陷阱，偏要去踩踏，那无疑是愚蠢之举、愚笨之人；明知有陷阱，但不知何时会陷进去，那就只能怪自己不识时务，不辨真伪，不善谋划。世道多舛，陷阱常在。面对可知或不可知的各种假象和陷阱，各位都要谨慎才是！

之三十一
品德铸就"堕泪碑"

　　《资治通鉴·晋纪》里记录了羊祜的故事。由于羊祜品德高尚，襄阳人为了纪念他，就在岘山上为他建庙立碑。凡是到此凭吊的人，只要见到这块石碑，都会为羊祜的所作所为而动容，没有不落泪的，所以后人把这块碑称作"堕泪碑"。这块"堕泪碑"告诉了我们很多宝贵的东西，概括起来，集中体现了羊祜六个方面的高尚品德：

　　一是对人宽怀仁厚。羊祜受晋武帝司马炎之派，掌管荆州各项军事，镇守襄阳。他赴任后，广施仁政，深受江汉一带百姓的爱戴。在与东吴的战斗中，对待被抓获的东吴俘虏，他都非常友善，愿意继续当兵的留下，不愿当兵的发放盘缠让其回乡。对于羊祜来说，在那个特殊的年代，能够做到这一点，足见他的仁义心肠。

　　二是敬业低调。为满足军队的粮饷供给需求，他亲自带领士兵在城外开荒种地，实现了军队的粮食自给。在军中，他从不穿铠甲，经常只穿宽松轻薄的衣服；在他居住的地方，贴身近卫不过十几人。羊祜率先垂范、亲民务实的工作作风，给大家留下了深刻的印象。

三是诚实守信。每次与东吴作战，都事先与对方约好开战的时间，从不搞突然袭击。军队行军经过东吴境内，割取路边的谷子作为军粮时，都要求手下准确记下数量，以便送回等值的棉帛；每次打猎，从不越界到东吴。这种诚实守信的品格，很好地塑造了晋国的形象。

四是互信互爱。羊祜与东吴大将陆抗虽然是对手，但彼此相互钦佩。陆抗送给羊祜美酒，羊祜毫不犹豫地喝下；羊祜送给陆抗的药品，陆抗也毫不犹豫地吞服。两人虽然各为其主，但始终能够互信互爱，一时传为佳话。

五是耿直无私。羊祜刚正不阿，不徇私情，从不攀龙附凤，任人唯亲。羊祜的堂外甥王衍没有得到他的栽培提携；王衍的堂兄王戎因违反军法，差点被羊祜杀头。虽然这些人都很责怪他，一些朝中权贵也不喜欢他，但他始终坚守自己的品格，维护自身的形象和国家的利益。

六是淡泊名利。羊祜位高权重，功勋卓著，深得皇上的信任，他本可以此为资本，谋取更高的官位、更多的利益，但他从没有这样做。即使在他病重之际，皇上也准备派他率军攻打东吴，但羊祜都予以推辞，他说，"功名我不敢要求，但如果事情成功，要委派官吏去治理时，我希望皇上慎重选择合适的人选"。正是因为他总是把国家的利益放在首位，才把个人的名利看得很轻。

正是因为羊祜这样的品德，所以在羊祜因病去世后，司马炎哭得十分哀伤。荆州的百姓自发罢市，街巷里哭声一片。

历史上类似羊祜这样具有高尚品德的人很多很多，他们的所作所为人们永远铭记，他们的高尚情操也深刻地影响着后人。如今，当我们走进气势恢宏的昭君墓时，面对那块高大的石碑，就不禁会想起当年昭君出塞和亲、汉匈和睦相处的岁月。

西汉晚期，汉王朝和匈奴停息了长期的战乱，恢复了"和亲"关系。西汉王朝答应匈奴呼韩邪单于的要求，同意王昭君出塞和亲。昭君出塞后六十年，是汉匈和睦相处的六十年，也是包括呼和浩特地区在内的整个漠南和平发展的六十年，出现了"牛马布野人民炽盛"的繁荣景象。饱经战乱之苦后享受了六十年和平生活的汉匈各族人民，深深地爱戴着王昭君。民间传说，昭君原是天上的仙女，下嫁呼韩邪单于。她出塞时，和呼韩邪单于走到黑河边上,只见朔风怒吼,飞沙走石,人马不能前进。昭君款款地弹起了她所带的琵琶,顿时狂风停止呼号,天上彩霞横空,祥云缭绕,地下冰雪消融,万物复苏。一会儿,遍地长满了鲜嫩的青草,开遍了绚丽的野花。远处的阴山变绿了,近处的黑水澄清了,还飞来了无数的百灵、布谷、喜鹊,在他们头顶上盘旋和歌唱。单于和匈奴人民高兴极了,于是就在黑水边定居下来。后来,王昭君和单于走遍了阴山山麓和大漠南北。昭君走到哪里,哪里就水草丰美,人畜两旺。在缺少水的地方,昭君用琵琶一划,地上就会出现一条玉带般的河流和片片绿茵茵的嫩草。昭君还从一个漂亮的锦囊里取出五谷种子,撒在地下,于是就长出了五谷杂粮。昭君去世时,远近的农牧民纷纷赶来送葬,他们用衣襟包上土,一包一包地垒起了昭君墓。如今的昭君墓,已成为一座规模宏大的陵园。在一块高大石碑上,镌刻着原国家副主席董必武的诗作《谒昭君墓》:"昭君自有千秋在,胡汉和亲识见高。词客各抒胸臆懑,舞文弄墨总徒劳。"王昭君不愧为民族团结友好的使者,自古以来就活在人民心中,为各族人民所崇敬和传颂。

如今,每当人们走近这块石碑,凭吊远去的王昭君时,又何尝不从内心里感到由衷的钦佩呢?又何尝不会感动得热泪盈眶呢？这难道不是永远伫立在人们心中的"堕泪碑"吗？羊祜、昭君已去，但功德碑永在。当我们伫立在他们的"堕泪碑"前时，我们似乎都应该好好反省自己，好好地在碑前虔诚地鞠上三个躬！

之三十二
难得糊涂也逍遥

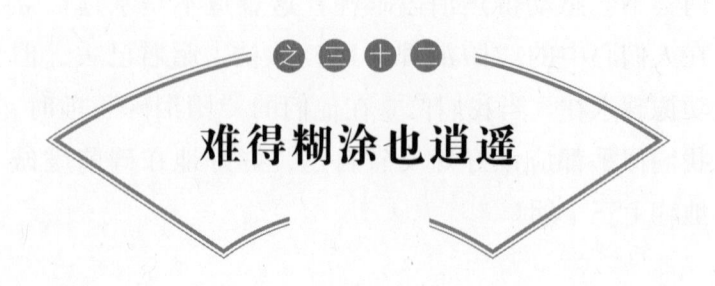

提到"难得糊涂"四个字，大家都知道这是与清代郑板桥有关系的。说起这四个字，还有一段很有趣的传说。

据说，"难得糊涂"四个字是郑板桥在山东莱州的云峰山写的。有一年郑板桥专程到此观赏郑文公碑，流连忘返，天黑了，不得已借宿于山间茅屋。屋主为一儒雅老翁，自命"糊涂老人"，出语不俗。他的室中陈列了一块方桌般大小的砚台，石质细腻，镂刻精良，郑板桥十分赞赏。老人请郑板桥题字以便刻于砚背。板桥认为老人必有来历，便题写了"难得糊涂"四字，用了"康熙秀才雍正举人乾隆进士"的方印。因砚台尚有许多空白，板桥说老先生应该写一段跋语。老人便写了"得美石难，得顽石尤难，由美石而转入顽石更难。美于中，顽于外，藏野人之庐，不入宝贵之门也"。他用了一块方印，印上的字是"院试第一，乡试第二，殿试第三"。板桥一看大惊,知道老人是一位隐退的官员。有感于糊涂老人的命名,见砚背上还有空隙,便也补写了一段话:"聪明难,糊涂尤难,由聪明转糊涂更难。放一著,退一步,当下安心,非图后来福报也。"

这个民间传说不论真假与否,确实意味深长,而且其中还蕴含着很深的哲理。许多人看了,都唏嘘不已,感慨万千。"难得糊涂"说起来容易,做起来却很难。历史上的一些文人,因看不惯当朝的做法,想做"难得糊涂"的逍遥派。有些人做到了,但有些人却做得不甚理想,做法不同,结果迥异。

《资治通鉴·晋纪》中讲述了竹林七贤的故事。其中阮籍、嵇康二位才华甚佳,但就是不满司马集团的高压政治,不愿与他们合作,不想为他们做事,但又不敢公开与他们进行斗争,于是苦闷和恐惧之余,只得采取消极反抗的办法。他们用醉酒、冷漠等方式,拒绝司马氏集团的收买。后来,竹林七贤中的其他几位迫于司马集团的压力,都去做了官,唯独阮籍、嵇康不为所动。应该说,他们的这种勇气和骨气,是值得后人称道的。

但他们俩的结局,特别是嵇康的结局就不是很好,为什么?究其原因,是因为他们没有糊涂得彻底,没有真正把"难得糊涂"做到极致。话说竹林七贤中的山涛被收买做了官,山涛也希望嵇康出来做官。这可惹怒了本来就蔑视权贵的嵇康,他给山涛写了一封绝交信,并在信中对司马氏统治下的虚伪、残酷的政治，做了无情的揭露和批判。本来，嵇康想与山涛绝交，以表示自己不同流合污也就罢了，但他千不该万不该还借机揭露司马氏集团，这可是犯了大忌，也着实捅着了马蜂窝。封建社会，皇权思想、集权思想之下，岂容你对他们的所作所为说三道四。所以，司马氏明知对嵇康这样的人利诱不行，就决心要杀他。虽然有许多人为嵇康求情，但他最后还是被处决了。"难得糊涂"的嵇康，最终成为了政治的牺牲品，确实令人扼腕叹息！

　　古往今来，有些人糊涂，是因为自己确实天资愚笨，久不开化，什么事都看不清，什么事都道不明，这是一种十足的"糊涂虫"，这种人当然不足挂齿；有些人表面上糊涂，实质上对事对人看得非常清楚，只是因为一些不便说明的原因，不去理会、不去评说、不去掺和罢了，以此保全自己，静观其变，这就是一种"难得糊涂"的聪明人，这种人就值得称道了；还有一种人，因对时世不满，不想同流合污，总想以装糊涂来消极应对，但自己又有抱负，总觉心有不甘，所以时不时又发表一些不合时宜的议论，最后落得身败名裂，甚至付出生命的代价。比如，嵇康就是一个典型的例子。

　　所以我们说，难得糊涂可以避祸，但必须糊涂得彻底才行；如果半醉半醒，也不会有什么好果子吃，不会有什么好下场！

之三十三
不务正业难长久

南北朝时期,政治动荡不安,政权像走马灯似的变换,弑君、夺权的事屡见不鲜。导致这种结果的原因很多,其中一个重要原因,就是一些皇帝不务正业,在其位不谋其政,以致耽误了很多国家大事,最后自己命丧黄泉,国家濒于崩溃。

在这些不务正业的皇帝中,刘义符是比较典型的一个。他的所作所为,确实不可理喻。

刘义符何许人?他是刘裕的儿子。刘裕是刘宋王朝的第一代皇帝。刘裕死后,太子刘义符继位当了皇帝。只可惜,刘义符当上皇帝以后,却整日不理朝政,沉迷于吃喝玩乐之中,他的一些行为荒唐至极。比如,为了图刺激,他玩起"蛊盆"的游戏(即把毒蛇、蝎子等毒虫投入缸内,将人丢进缸内,使人身中剧毒,气绝身亡);不顾国库空虚,战事不断,异想天开地命人重修金銮宝殿;把皇宫当集市,皇帝亲自卖豆腐。这些荒唐之举,当然会引来当朝大臣的强烈不满，他们密谋废帝也是情理之中的事了。后来，他们合计把刘义符和刘义真哥俩一起废掉了，并暗中把他们勒死和射死。刘义符之死，与其说是他的昏庸无能所致，不如说是他不务正业的必然结果。

然则，历史上不务正业的皇帝还多着呢，有些与刘义符相比，还显得更加荒诞、更加可笑。以下列举的中国古代十位不务正业的皇帝的一些所作所为，就着实让人匪夷所思。

南北朝齐废帝萧宝卷，不爱读书，嬉戏无度，常常通宵以捕鼠取乐。他还酷爱杂技，不但经常操刀表演，还对一些传统杂技进行创新。比如他仗着自己力大如牛，表演用牙叼幢木，结果弄得牙齿断折，满嘴是血。

南北朝时期梁朝的建立者梁武帝萧衍，痴迷佛教，一次拜佛后，说什么也不回去当皇帝了，于是就地出家。大臣们苦劝其回宫，萧衍于是从财政上拨款一亿将其肉身赎回，如此三次，财政几近赤字。萧衍一心向佛，首次提出佛教徒不可吃肉的戒律，并以身作则：每日只吃一顿饭，不沾酒肉，住小殿暗室，一顶帽子戴了三年，一床被子盖了两年。

南北朝北齐后主高纬，喜欢音乐几近痴迷，常自己填词作曲，抱个琵琶，自弹自唱。每到情浓处，还要招来上百名太监、奴婢，站好队，分声部地伴唱和唱，场面之恢宏，令人叹为观止。

南北朝周宣帝宇文赟，钟情另类服装，每每别出心裁，装靓扮酷。时时呈现出如此扮相：头戴高高的通天冠，身着金蝉做的饰物，斜配几近夸张的大绶带。他自己这么做，却不许别人与之雷同，于是还发布命令：全国妇女一律不准涂脂抹粉。

隋炀帝杨广，热衷"旅游开发"。所建"西苑"方圆200里，院内有海，海中有岛，岛上有16个院落，分由各妃主管，负责接待。杨广每日带着几千宫女在苑内赏玩，晚上便在西苑夜宴。大运河修通后，杨广出游，在四层龙舟上饮酒观光，随行船只有几千艘。

唐朝时的唐僖宗，爱好十分广泛，算术、音乐、下棋、斗鸡、赌鹅、蹴鞠、骑射、剑术无一不精。尤其迷恋打马球，技艺娴熟，无人能及。他曾自负地说：朕若参加击球进士科考试，应该中个状元。

五代十国时期闽国君主王曦，好贪杯中之物，可巧其皇后也有此好，于是二人臭味相投，每日对饮，不醉不休，丑态毕露。王曦与宰相李光准一起喝酒，酒酣耳热，发生争执，王曦命武士将其推出去斩首，李光准被拖至刑场酒尤未醒，吓得监斩官没敢行刑。第二天，王曦一觉醒来，什么事都忘了，还问李光准何在呢！

五代十国时期南平国第二任君主高从诲，有个令人匪夷所思的嗜好——喜欢当"响马"。他经常带人劫掠南来北往途经辖区的使节，乐此不疲。然而，此公敢作敢当，并不否认自己的所为，一旦他国致书询问或是发兵征讨，就会忙不迭地将原物奉还，脸上毫无愧疚之色，似乎什么事也没发生。

五代十国时期后唐开国皇帝李存勖，喜欢看戏、演戏。他在当皇帝后，也常面涂粉墨，登台表演，并自取艺名"李天下"。一次入戏，他连喊两声"李天下"，伶人新磨上去就是一耳光。李存勖问为什么打他，新磨说：叫李天下的只有皇帝一人，你叫了两声，还有一人是谁？李存勖一想，是这么个理儿，不但没有责罚，反予以赏赐。

明熹宗朱由校，在木工活上天赋异禀，凡经他过眼的木器用具，甚至亭台楼榭，他都能够仿做出来。每有刀锯斧凿、丹青揉漆之类的木匠活，朱由校一定是通宵达旦，废寝忘食，快乐地展示自己的才能。

人有爱好，并不奇怪，也无可厚非。有些爱好应用好了，还可以陶冶性情，愉悦人生，助推事业发展；但如若应用得不恰当，那就会适得其反，不仅于事无补，而且还会耽误正业，成为笑谈，落得骂名。以上十位皇帝，在其执政的过程中，除了这些常人不可理喻的行为外，似乎都没有多大作为，也没留下什么丰功伟绩。造成这样的结果，除了一些客观因素以外，与他们身在其位、不务正业、不谋其政是有直接关系的。

业以事兴，业精则诚。任何人的成功，都是以事业为基础。不做事，永远体现不了自己的价值，永远不会得到人们的认同，永远不会达到成功的彼岸，永远不会名垂青史。当然，事业有大小，术业有专攻。我们所从事的事业不一定都是轰轰烈烈，对待平凡的事业，只要你专心致志、兢兢业业，把它做精做实，也是能够体现一个人的价值。有事做，要专心、敬心；事不多，也不能荒废时光，自暴自弃，更不能抱着"破罐子破摔"的态度，可以在自己的兴趣爱好中寻找工作的快乐和生活的乐趣。这样，才不会枉度一生，虚度年华！

之三十四
切莫自毁长城

据史书《资治通鉴》记载,"自毁长城"一词来自于南北朝。南北朝时期,宋国大将檀道济,因为战功显赫,威望太高,左右部将又都骁勇善战(时人比之关、张),皇帝刘义隆很不放心,加之又有一些大臣挑拨,把他骗到京城建康想除掉他。檀道济被关进大牢,两眼瞪得像火把一样("愤怒,目光如炬"),又气又恨一口喝下一斛酒,大吼道,"你们这样做是自毁你们的长城啊!"("乃坏汝万里长城。")

人们常把自己削弱自己的力量,自己挖自己墙脚的现象,称为"自毁长城"。从古至今,这样的事还真不少。

有的人不听劝谏,把忠言当耳旁风,自以为是,我行我素,致使优势变为劣势,任凭来之不易的成就毁于一旦。伍子胥本来是楚国人,后来伍子胥逃亡吴国,被阖闾封为太宰。后来夫差继位,灭掉了世仇越国，俘虏越王勾践，伍子胥极力劝告夫差杀掉勾践以绝后患，但是夫差被勾践的假象迷惑，后来干脆把勾践放了回去。伍子胥预言"二十年后吴国必亡！"夫差恼羞成怒，最后将七十五岁的老将伍子胥赐死，结果吴国真的被越国灭了。夫差自尽前用手帕盖住脸，说无颜去见九泉之下的伍子胥！夫差自讨没趣，自毁长城，悔之晚矣！

有的人轻信谗言，戕害忠良，削弱自己的力量，满足敌人的愿望，真可谓"仇者快，亲者痛"。李牧是战国四将之一，堪称赵国最后的"长城"。赵国经过长平之战后实力大减，人才凋零，李牧原本是镇守西北的大将，威震匈奴，吓得匈奴十多年不敢侵犯赵国边境。公元229年，秦国大将王翦、王贲父子北上攻赵，但是身经百战的王翦遇到了李牧，损兵折将无法前进一步。于是秦国故技重施，再次上演反间计。赵王没有接受长平之战血的教训，迫使李牧交出兵权，李牧知道是秦国的阴谋，就以将在外君命有所不受为由拒绝交出兵权。赵王命人背地里斩杀李牧，撤掉司马尚。王翦得到消息，喜出望外，三个月后，赵国灭亡。"李牧死赵国亡"，真所谓"自毁长城坑了自己！"

有些人自相残杀，无谓地消耗有生力量，使自己在激烈的竞争中处于劣势地位，最终自取灭亡。

斛律光是北齐名将，历史上真实的弯弓射大雕的人，号称"落雕都督"。十七岁踏上战场，征战四十多年，后来得罪奸臣穆提婆和祖珽，被昏庸皇帝高纬忌惮，先是派御前第一杀手刘桃枝偷袭，斛律光武功高强，躲过了偷袭，可是他知道高纬不会放过自己，于是束手就擒，高纬用弓弦勒死了一代名将，时年五十八岁。后来北齐被周武帝宇文邕灭掉，宇文邕站在北齐皇宫里说，如果斛律光活着，我根本到不了这里！

有些人头脑不清醒，总是被假象所迷惑，正中别有用心的人设下的圈套，以致自我动摇"长城"的基石，把有生力量消失殆尽。林仁肇是南国第一名将，他武艺惊人，曾阵前一杆长枪将乱箭打落，吓得后周大将张永德大叫南国有此能人，不可轻敌，只能退兵。后来赵匡胤建立大宋，与林仁肇交战屡吃败仗。于是赵想出一条毒计，他买通林仁肇亲信，偷出林仁肇一幅画像，然后挂在自己大殿上。公元973年，南唐后主李煜的弟弟李从善出使北宋，赵匡胤领他来到林仁肇画像面前参拜，就问李从善，你知道这是谁吗？李从善说，这是大将林仁肇。赵匡胤说"林仁肇打算归顺我，特意送我这画像作凭证！"还指着一处豪宅说，"这是我给林将军的住宅，他归顺后，就把这宅子赐给他！"李从善信以为真，回去就一五一十地告诉了皇帝李煜，李煜大怒，不分真假就将林仁肇毒死。没有了障碍，赵匡胤一路势如破竹，拿下了南唐，李煜被活捉！

长城修筑不易，毁在旦夕。自毁长城，实乃愚蠢之举。然则，这些自毁长城的做法，在历史上比比皆是。但愿后人以史为鉴，不做愚笨之事，尽心尽力巩固万里长城，铸就千秋伟业！

之三十五 急流勇退须慎重

急流勇退，是指在急流中勇敢地立即退却。旧时，比喻仕途顺利的时候，毅然退出官场；现在，也比喻在复杂的环境中及时抽身，避免一些不必要的纠缠和麻烦。

《资治通鉴》中记录了许多急流勇退的人：有的人用自己的智慧，避免了灾难；有的人却事与愿违，不仅没有顺利地退出，而且陷入更加残酷的斗争中，难以自拔，最后落得个身败名裂的地步。看来，急流勇退并不是每个人都可以应用自如的，它既需要智慧，更要持谨慎的态度。

《资治通鉴·宋纪》里记述的江湛其人，就算得上是一个大智若愚、聪明绝顶的人。从他的所作所为中，我们似乎可以明白，急流勇退应该具备的几种起码的品德：

一是头脑必须清醒。人的一生中，难免会遇到许多良莠不清、是非不明的事，这就需要我们始终保持清醒的头脑。人们在遇到挫折和失败的时候，即人在失意的时候，大都会居安思危、如履薄冰；但人们在顺风顺水的时候，即在得意的时候，往往会得意忘形，分不清东西，掂不准重量，量不出得失，结果往往会埋下隐患，殃及余生。南朝宋文帝时代的江湛就很明智。当时，宋文帝刘文隆的弟弟刘义康几乎总揽朝中大权。那些想当官发财的人，都纷纷前往拜访，千方百计地讨好他。江湛在刘义康手下做主簿，应该说想与刘义康套近乎，那可是"近水楼台先得月"。但江湛没有这样做，他却急流勇退，毅然决定要求到武陵去当一名不起眼的小官。为什么？因为江湛看出了刘义康的野心，看到了刘义康对他的反感和警惕。江湛的做法反其道而行之，不能说不是明智之举！这也突现了他在乱世之中也有着异常清醒的头脑。这应该是难能可贵的。

　　二是眼光必须长远。话说江湛到武陵以后，一些麻烦事仍然接踵而来。当时檀道济是江州的刺史，武陵属于江州管辖。檀道济是一个实权人物，很多人想认识他都难，更不用说去攀附了。就是这个檀道济，看江湛有个貌若天仙、才华出众的女儿，就想与他结为儿女亲家。这可是多少人梦寐以求的事。但万万没想到江湛没有给他这个面子，断然拒绝了这门婚事。后来，檀道济心有不甘，搬出大官刘义康为其说媒,结果江湛拒绝得更加坚定了。为什么?因为江湛已看到檀道济与刘义康都是一路货色,都是兔子的尾巴长不了,所以离这些人越远越好。时隔不久,檀道济和刘义康相继被杀,以前那些巴结讨好他们的人也受到牵连,不杀即贬,下场极其悲惨,但江湛却安然无恙。事实证明,江湛这样做,虽然一时他没有得到什么好处,也引起了当权朝贵的不满,但最后正是因为他的深思熟虑、老谋深算,才能做到相安无事,全身免祸。

三是必须淡泊名利。人们说,名利乃身外之物。但真正要把名利置之度外,确实是很难做到的。当然,以正当的手段、卓越的才能、辛勤的劳动,去赢取一些名、一些利,绝对是无可厚非的,关键是不要不择手段地谋取名利。如果这样做,不仅得到的名利会烟消云散,而且会因为一些名利压身而导致灭顶之灾。江湛之所以能够保全自己,除了他头脑清醒和眼光长远外,其中还有一个重要的方面就是淡泊名利。试想想,如果他当时攀附上刘义康这棵大树,很可能会弄个尚书之类的要职当当;如果他愿意与他的直接上级檀道济结亲,那么至少短时间内,他和他女儿的日子都会很好过。但他没有这样做,这才是真正出污泥而不染、视名利为粪土的人,这样的人才能长久、才会平安、才会受到人的尊重。

　　历史上，急流勇退的人屡见不鲜。细想起来，他们似乎都具备上述三种可贵的品德，都值得人们赞赏。

　　比如，春秋末期著名的政治家、谋士、名贾和实业家范蠡，他出身贫贱，但博学多才，因不满当时楚国政治黑暗而投奔越国，辅佐越国勾践。他帮助勾践兴越国，灭吴国，一雪会稽之耻，继而又助勾践北征，直逼齐鲁，称霸中原。但范蠡此时清醒地认识到危险就在眼前，功高必震主，君主只能共患难，不能同富贵。于是，他及时收拾细软，化名姓为鸱夷子皮，变官服为一袭白衣，与西施西出姑苏，泛一叶扁舟于五湖之中，遨游于七十二峰之间。其间又三次经商成巨富，却又三散家财，自号陶朱公。而与其同时辅佐越王的文种，不听劝告，留恋富贵，结果最终被勾践所杀。

　　又比如，西汉杰出的政治家张良，自从刘邦入都关中，天下初定，他便托辞多病，闭门不出。随着刘邦皇位的渐次稳固，张良逐步从"帝者师"退居"帝者宾"的地位，遵循着可有可无、时进时止的处事原则。在汉初刘邦翦灭异姓王的残酷斗争中，张良极少参与谋划。在西汉皇室的明争暗斗中，张良也恪守"疏不间亲"的遗训。

想想江湛、范蠡、张良这些人，他们在位时受人尊，退隐后受人敬，实在是人中豪杰、堪为楷模。他们的"急流勇退"，绝不是冲动之举和一时的心血来潮，那是经过深思熟虑和权衡得失以后的明智之举。如果他们不计后果、莽然行事，那么他们的"退"可能还会遇到不必要的麻烦，其结果如何那就另当别论了。看来，"急流勇退"有时也不是那么容易的事，倘若不顺时而谋，因势利导，因人而异，仅凭一时之勇，那最终还是要吃大亏的。所以，心里想着"急流勇退"的人们，一定要谨慎小心啊！急流勇退，当学江湛、范蠡、张良之辈！

之三十六
谨言慎行行千里

　　大凡有言语功能的人，一开口说话，总会表现出不同的态度：有的人和风细语，说起话来让人顺耳顺心；有的人粗言粗语，开口见脏，一听就是缺乏教养之辈；有的人趾高气扬，狂语连篇，一看就是一副盛气凌人、不可一世的嘴脸；有的人语无伦次，吞吞吐吐，言不由衷，一听就是敷衍塞责、不怀好意的征兆……听得多、看得多了，总能从一些人的话语中听出些一二，辨出个是非。

　　人活在世上，要生存、要交往、要发展，总是要说话的，除非先天受限。但说话是要讲技巧的。掌握得好，就会成为事业成功的添加剂；如若把握不好，出口不逊，那就可能惹来不必要的麻烦，断送你的好前程，严重者还会引来杀身之祸。

　　历史上，谨言慎行的人不少，他们一路走来，不管风吹浪打，胜似闲庭信步；但有的人却恃才傲物，满以为自己有才，别人不会把他怎么样，所以平时言不谨、行不慎。最后惹得别人忌恨,引起上司的不满,不仅丢掉了官职,而且还丢掉了性命。北魏的崔浩就是这么一位。

崔浩是"三朝元老",曾经为北魏的道武帝、明元帝、太武帝都服务过,均被委以重任。就是这位博学多才的"三朝元老",还是不经意间犯了一些错误。崔浩出身名门望族,学问又渊博精深,所以言谈中无意会流露出骄傲的情绪,这样自然会招来一些人的嫉妒。当时,他侍奉的皇帝都是鲜卑族,鲜卑人与汉人又存在民族隔阂。聪明的崔浩深知这一点,所以平时说话做事都非常小心,生怕一言不合丢官丢命。他凭借自己的聪明才智,确实也成功地化解了一些危机。但纵使他百般小心,终究还是出了一些纰漏。

有一次,著名的士族王慧龙从江南到了北方,王、谢是东晋士族中最高贵的门第。崔浩的弟弟因为羡慕王氏高贵门第,把女儿许配给了王慧龙。但当时有人质疑王慧龙不是真正的王门子弟。其实是不是王门子弟,好像显得也没那么重要,只要心里认可就罢了。但崔浩却较起真来,他竟研究起王氏的族谱,最后得出结论,"王慧龙是真正的王门子弟,是一个地地道道的贵种"。这可惹怒了鲜卑贵族,因为在鲜卑人的国家里,只有鲜卑人才算是贵种。所以有人向皇上告了一状,说崔浩是在故意贬低鲜卑族,是在贬损皇上。皇上龙颜一怒,崔浩的日子就不好过了。他自知失言,急忙道歉,这才免得一难。

再有一次,崔浩随明元帝拓跋嗣攻打南朝,回师途中,他们一起到西河,俯视黄河。按说,这个时候应该是皇上思考大事或是有感而发的时候,作为臣子是不该多言的,更不该去搅了皇上的性子。但此时崔浩却把持不住,竟当着皇上的面,发起了感慨,旁若无人地谈起了历史。他说,"秦始皇、汉武帝犯了同样的错误,他们废除分封、建立郡县,都是不对的"。谁知说者无心、听者有意。明元帝就想,秦始皇、汉武帝和北魏一样,统一了黄河流域,这怎么说是错误的呢?废除分封、建立郡县,是为了保障国家的统一,又怎么会不对呢?崔浩这人表面上说的是秦、汉,实质上是在说我吧!明元帝这么一暗忖,心里就很不高兴了。他虽然没有当面责备崔浩,但在心里也暗暗地记下了这笔账。(此时,崔浩最高明的做法,应该是有问才答,千万不可无问自答、自以为是,合意了,一好百好;不合意,则自讨苦吃。)

而直接导致崔浩被处死的原因,来自于他晚年奉命编写北魏国史。他想,既然奉命编史,那就应

-203-

该实事求是，一是一、二是二。这本是科学求是、客观公正的态度，但那是在封建时代，那些皇帝贵族谁不想让人歌功颂德，留名青史呢？谁愿意把那些见不得人的龌龊事永久留在白纸黑字之间呢？想当年，西汉的司马迁因替李陵败降之事辩解而受宫刑。但崔浩却没有吸取司马迁的教训，他仍然我行我素，把鲜卑族过去发展的历史原原本本地写出来，并刻在石碑上，竖立在都城平城郊外的大路边，供人参观。这下可彻底惹怒了太武帝！他想，我北魏政权已固，像你这样的谋士已经不需要了，杀无赦。结果，崔浩在遭受惨无人道的侮辱后，被杀掉了，全家和亲属朋友也受到了株连。

一位才华横溢、功勋卓著的"三朝元老"，最终竟然落得如此悲惨的结局，着实令人惋惜。导致这种结果的原因，除了当时特殊的环境、制度的局限以外，一个重要的原因是，崔浩本人不能善终敬始，不能始终低调做人、谨言慎行。

历史的经验反复证明，骄傲自大必遭忌，谨言慎行行千里。

之三十七
多学贤人智慧

什么是"贤人"？应该说仁者见仁、智者见智。《资治通鉴》中记录了很多贤人，归纳起来可以看到一些"贤人"的普遍性特征。"贤人"首先肯定是好人，这应该无可厚非，并且贤人有智慧，这也是我们应该多多学习的优点。那么，"贤人"到底贤在哪呢？

一则贤人为人疏散、肝胆义气。比如萧何，他和刘邦的关系不错。刘邦有几次触犯刑律，正是因为萧何的庇护，他才能平安无事。刘邦当亭长后，办事大大咧咧，经常出现漏洞，萧何凭着自己的出众才华和办事认真的劲头，每次都替他周旋，使他避免了被撤职查办的惩处。有次刘邦率领民夫到咸阳服徭役，其他人一般送他三百钱做路费，而萧何却一次送给他五百钱。所以，刘邦一直十分看重萧何，萧何跟随刘邦在沛县起义后，一直是刘邦最得力的辅佐之一。

二则贤人冷静处事、谋略长远。项羽进入咸阳后，不仅不遵守"先入关中者王之"的约定，反而把刘邦分封到偏僻贫困的巴蜀、汉中一带为汉王。刘邦忍不下这口气，决定发动大军与项羽决一死战。此时贤相萧何却非常冷静，他客观地分析道，"现在我们与项羽相比，势力悬殊，你要去与他决战，这不是自取灭亡吗？俗话说，大丈夫能屈能伸，我劝你还是服从项羽的分配，先去汉中为王，然后招兵买马，不断扩大自己的力量。只要卧薪尝胆，奋发图强，天下还能不是你的吗？"刘邦醒悟过来，迅速带领兵马来到汉中，并将周围的巴蜀等地控制起来，此举为刘邦日后逐鹿中原赢得了稳固的后方基地。萧何的冷静透出的是智慧。试想一下，如果当时刘邦不冷静，萧何也随之附和、火上浇油，那结果又将如何呢？恐怕就没有刘邦的辉煌和天下了。所以，下属对领导负责，一定要体现在关键时候，帮忙要帮在关键时刻，而千万不能帮倒忙和添乱。这才能真正体现贤人的过人之处和高尚品德。

三则贤人精于治理、忠贞不贰。刘邦进攻关中时，萧何守汉中，他全力以赴，征集兵源，筹备粮饷，保证了刘邦在前线的作战需要。刘邦攻下关中后，萧何又赶来进行了一系列的整顿治理。正是萧何的精心治理，才使刘邦所夺的疆土井然有序，也大大消除了刘邦的后顾之忧。

四则贤人做事低调、居安思危。萧何虽然得到刘邦的赏识，但他深知伴君如伴虎的道理，他时时警醒自己，做事一定要注意分寸，免得功高震主，惹来杀身之祸。从萧何在两件事情的处理上，就足以看出他的聪明：

一是捐献财产表示忠心。陈豨造反的时候，刘邦亲率大军前去镇压。刘邦走后不久，韩信在暗中准备谋反，萧何和吕后设计杀了韩信。刘邦听说此事后，派使者重赏萧何，并为他增派了五百名护卫。大家都向他祝贺，唯有陈平不以为然。他对萧何说："你可能大祸临头了。皇上给你增派五百名护卫，表面上是对你的奖赏，实际上是监视你。这大概是韩信谋反的事，使皇上对你产生了疑心。"萧何也很明白这个道理，所以他不仅没有接受封赏，而且还献出自己的全部家产，作为皇上征战的军饷。此举果然博得了刘邦的欢心。

二是故意露拙难得糊涂。黥布谋反，刘邦再次出征。在打仗的时候，刘邦经常派人到长安了解萧何的所作所为。对此，萧何并未觉察。在朋友的提醒下，为了免除皇上的疑心，他故意置办良田，利用职权谋取些私利，显示出胸无大志的样子。刘邦得胜还朝之时，到处都能听到老百姓说萧何的坏话，这样他在高兴之余，也没有责怪萧何。可见，萧何故意露出破绽，不是萧何愚蠢，实则是保护自己的策略，这就是人们常说的"难得糊涂""识时务者为俊杰"。如果萧何居功自傲、蓄意谋反，那下场可能就和韩信一样了；如果萧何因为经常得到皇上的赏赐而得意扬扬，那么难免会遭人嫉恨，最终带来杀身之祸。所以在这方面，萧何是很聪明的，是有大智慧的！

　　在这些方面，唐朝著名的大臣房玄龄也堪为榜样。他有才有德、勤奋担当、多谋善断，宽厚包容、谦虚低调、清廉安分，为后世留下了一世英名。我们做人做事，都应该多学习这些"贤人"哪！

之三十八
敬畏之心不可无

　　人不管在什么位置，不管身处顺境还是逆境，都应该常怀敬畏之心。敬畏组织，你会常怀感激之情，感谢组织培养你、教育你，给你许多施展才华的舞台和机会；敬畏家庭，你会时常感到家庭的温暖，感受到家庭这个港湾的安宁，由此你就不会去做出伤害家人的傻事，总会以你的善良之心去巩固家庭的幸福；敬畏老人，你会耐心地听取他们的教诲，并从他们的身上吸取无穷的智慧，你会更加敬重他们、孝顺他们；敬畏朋友，你会觉得朋友就是沙漠中的绿洲，久旱后的甘霖，漫漫长夜中的那点点星光，你会更加珍惜来之不易的友情，而且会像品尝陈年老酒一样细细回味；敬畏同事，你会在危难之中感受到互助的温暖，在困难时得到他们的理解和支持，而且会赢得同事的尊重和爱戴，充分体会到团结的力量、共事的愉悦、合作的快感。

　　总之，一个人活在世上，要想成就一番事业，要想平平安安地度过一生，总是要有敬畏之心的。

敬畏是一种力量，是一份信仰，知道敬畏的人总是受人尊重的，他们的所作所为都能在无形之中为后人留下宝贵的财富。

美国南卡罗来纳州的温思罗普大学图书馆，在五十六年前借出的一本《新西姆斯南卡罗来纳州历史》，一直石沉大海。一个名叫麦克法登的男子早在十四年前为姨母打扫房间时就发现了这本书，但当时他并没有注意到这是一本借阅的书。直到后来他再次翻看这本书时才发现，它原本属于温思罗普大学图书馆。于是麦克法登把这本借了五十六年的图书归还给了温思罗普大学图书馆。麦克法登的这一做法无疑是对规则的敬畏、对良心的敬畏。与其说他是在还书，不如说他用自己高尚的行为支撑起了人和人之间的信任和真诚。

2013年初，美国华盛顿州野生动物管理局收到一位名叫罗伊的人的来信。他在信中说：在1967—1970年期间，自己在该州非法猎杀了3只白尾鹿。随着生命接近尽头，他的心也越来越难以平复，赶在临终前，主动向野生动物管理局坦白自己的罪行，并愿意接受惩罚。管理局的官员收到信后，立即与罗伊取得了联系，并告诉罗伊，非法猎杀白尾鹿的确有罪，但该罪的法定诉讼时效已过，他不会因此受罚。然而罗伊的负罪感却并未因免于起诉而减轻。不久之后，野生动物管理局收到了罗伊捐赠给野生动物管理执法部门六千美元的支票，希望将这笔钱用于预防犯罪——类似他四十多年前那些罪行的发生。这是罗伊对生命的敬畏，对自然的敬畏。是的，当我们每个人都能够心存善念、行有善举的时候，文明社会的到来就不再遥远了！

然而，我们看到的情形却不完全是这样，而情况往往是这样的：人在处于逆境时，或者是在艰苦创业的时候，大都是有敬畏之心的；但一旦身居高位、大权在握、无人约束的时候，敬畏之心就会随之淡化或者消失殆尽，做出一些十分荒唐的事来。南朝的刘子业，就是一个没有敬畏之心的人，由于缺乏敬畏之心，所以做出了一些匪夷所思的荒唐事。

他不敬老。刘子业本是南朝宋孝武帝刘骏之子。刘骏死后，做儿子的应该悲伤才是，但刘子业却只关心自己登基时仪式的隆重，对父亲的死却不那么关心，而且还脸无悲戚之色。即位以后，也不知天高地厚，竟然在各位祖先像前，评头论足，出言不逊，而且还荒唐地吩咐人给自己的父亲刘骏的画像加上酒糟鼻。他母亲病了，别人请他去看看，他竟说："病人间多鬼，可畏，那可往？"（病人房子里鬼多；十分可怕，我怎么能去？）

他不敬亲。在封建时代，自家亲戚大都是自己的左膀右臂，应该更加敬重才是，但刘子业却不这样想。为了防止他的叔父在外面作乱，他就把与他叔父有关的人全部集中起来，拘禁在皇宫里，每天不是羞辱，就是折磨。这种事连外人都看不过去，确实荒唐。

他不敬臣。他的后宫里有个女人被称为"谢夫人"，实际上是他的姑姑，也是宁朔将军何迈的妻子。刘子业见她长得漂亮，竟把她偷偷纳入后宫。为了掩人耳目，他把宫中婢女的尸体运往何府安葬，并谎称何迈的妻子已经死去。试想，一个人连这种荒唐的事都能做出来，还有什么其他事不敢去做的呢？如此这般做下去，你叫那些臣子如何能死心塌地地拥护你、尊重你，而且在关键时候为你卖命呢？

果然，刘子业的倒行逆施激怒了所有人，连他的母亲也悲恨不已地说："取刀来，剖我腹，那得生宁馨儿！"（拿把刀来，剖开我肚子看看，我怎么会生出这种东西！）何迈也难咽这口气，蓄意要谋杀他。后来，他那个曾经多次被他侮辱的叔叔刘彧借机把他杀掉了。

从此可以看出，刘子业的荒唐之事，完全出于他失去了敬畏之心。人们常说，敬人一尺，人敬一丈；损人一分，自毁一生。没有敬畏之心，终究是没有什么好下场的！后人视之，犹当警戒为是啊！

之二十九
上有所好　下必甚焉

　　领导就是旗帜，领导就是榜样。上有所好，下必甚焉。有的时候，甚至领导的爱好会引领时代的风尚和社会的风气。

　　《尹文子·大道上》叙述了一个"上行下效"的故事，充分说明了表率作用是何其重要。文章说，"昔晋国苦奢，文公以俭矫之，乃衣不重帛，食不兼肉。无几时，人皆大布之衣，脱粟之饭"。意思是说，从前，晋国流行一种讲排场、摆阔气的坏习气，晋文公便带头用朴实节俭的作风来纠正它，他穿衣服绝不穿价格高的丝织品，吃饭也绝不吃两种以上的肉。不久之后，晋国人就都穿起粗布农服，吃起糙米饭来。看来，榜样的力量是无穷的，如果社会上多有一些类似晋文公这样的好带头人，那么社会风气就会不断好转，人民才会更加幸福安康。

　　然而，历史上的有些人，本来很有才能、也很有建树，但就是因为自己近乎荒诞、近乎离奇的爱好，不仅败坏了自己的名声，而且带坏了风气，扰乱了国家的正常秩序。回想起来，无不令人扼腕叹息。

南朝时期的梁武帝当了四十八年的皇帝，这是一位比较开明和有作为的皇帝。他整治社会，发展经济；亲自躬耕籍田，多次减免租税；生活极其简朴，处理朝政夙夜不止。正因为如此，老百姓拥护他，经济社会发展都取得了很大成就。他也是南朝在位时间最长，也是历史上有名的皇帝之一。

但就是这位颇有建树的皇帝，却在全国大力提倡学佛，花了很多资金去修建佛像，建造佛塔。"南朝四百八十寺，多少楼台烟雨中"，描述的就是当时的情景。当时，全国人口大约五百万，建康城里的僧尼就有十万之多。梁武帝经常跑到寺里烧香拜佛。大通元年的一天，他竟突发奇想，要把自己施舍给寺里。自此以后，他便一发不可收拾。据统计，后来他先后于大通元年、大同元年、太清元年三次舍身给同泰寺，每次都要由国家出一大笔钱把他从庙里赎出来。

按说，尊崇佛教本无可厚非，但像梁武帝痴迷到如此地步，那就变味了。作为皇帝这样做，明显的是起到了很坏的示范作用，也会给一些人可乘之机，从中渔利。事态的发展果真如此：梁武帝佞佛的结果，便是在全国范围内产生了一批寺院地主，他们有田有地，强迫农民耕种，成为依靠朝廷和人民养活的寄生虫。整个国家一片混乱。

所以说，作为领导和上司，千万不要认为自己的所作所为无关紧要，而要谨记下面的人都看着他们。每一个做上司的人，都要时刻注意自己的言行，检点自己的行为。当你痴迷于某种爱好的时候，你一定要考虑这种爱好是否对整个社会的风气带来不利的影响，是否会因为自己的不当行为给国家和社会带来不可挽回的损失，是否会有一些别有用心的人会为了投其所好而谋取自己的私利。只要经常瞻前顾后、深思熟虑，就不会出现类似梁武帝时代的这些遗憾事了。

之四十
治国之策须接地气

　　治理一个国家，都必须有一整套系统的政策和方法。政策符合实际，方法合适恰当，社会普遍认同，人民欢迎接受，政策的生命力就会长盛不衰，效益才能充分地显现出来，国家就会长治久安。

　　纵观漫长的封建社会，凡是统治时间较长、较有成就的时代，都是制定了很多政策，而且这些政策都是很接地气、很受欢迎、很起作用的。比如，西魏建立之初，国弱民贫，势力远比不上东魏，政权的实际统治者宇文泰任用汉族士人苏绰等进行了一系列改革。苏绰把汉族统治阶级的经验总结为六条，上奏后作为诏书颁行，时称"六条诏书"（类似于现在的中央文件）。

　　这"六条诏书"虽然内容不多，但却使西魏走上了富强之路，为取代西魏的北周再度统一中国做出了重要贡献。为何这"六条诏书"能起到如此神奇的效果呢？我们先看看"六条诏书"的具体内容，概括起来就是：

其一，治身心（修身养性也）。即治民者的关键在于"清心"，就是要使"心气清和、志意端静"，这样邪恶的想法就不会产生。与之相关，治民者要治身，要做到"心如清水，形如白玉"，躬行"仁义、孝悌、忠信、礼让、廉平、俭约"等等。这条类似于现在的社会主义核心价值观，很有道理、很有作用，也抓住了问题的关键和本质，为净化风气、优化环境、促进发展，奠定了坚实的道德基础。

其二，敦教化（道德提升也）。即宣扬道德文化教育，移风易俗，培养人们俭朴、慈爱、和睦、敬让的品质。

其三，尽地利（生产富民也）。即劝课农桑，不违农时，发展农业生产。"仓廪实而知礼节，衣食足而知荣辱。"发展在任何时代都是第一要务，"不发展，什么马克思主义也没有"，只有经济发展了，人民群众才能得到实惠，社会才会永续安宁。这是抓住了根本。

其四，擢贤良（人才选拔也）。即选贤任能，不拘资历和门第，要善于发现人才，勇于起用人才，让人才在实践中成长起来。而且精简机构，罢黜冗员。人才是兴国之要，"不拘一格降人才"，人才才能闻风而动，鞠躬尽瘁，死而后已。如果抑制人才

-217-

的成长,或对人才视而不见,亦或"武大郎开店",那么不仅发现不了真正的人才,即使有了人才也不会发挥其作用,这样就会造成人才的极大浪费。这样的结果,不仅是人才的悲哀,而且是一个国家的悲哀。

其五,恤狱讼(法律公正也)。即明断狱案,不能滥施刑罚,而要"随事加刑,轻重皆当"。封建社会的统治者不仅意识到了这一点,而且还能很好地做到,实属不易、尤其难得。人民看政府是否公正,很大程度上是通过司法的公正表现出来的。"狱讼"直接关系到人民的根本利益,如若处理不当,必然后患无穷。

其六,均赋役(调整税役分配也)。即均平赋役,调剂贫穷,不可舍豪强而征贫弱。苏绰认为,不要让农民随便服徭役,要给他们更多的时间去耕种、织布,农民有吃不了的粮食、穿不完的衣服,社会才能稳定,国家收入就会增加。同时还强调,要根据财产的多少平均负担徭役和赋税,不能把这种负担全部加在百姓身上。这是一种休养生息、让利于民的政策,自然会受到群众的拥护。

应该说,"六条诏书"是根据当时的历史条件制定的,对促进当时的经济、政治、文化的发展起到了很大作用。如果用现在的眼光看,肯定有不完善的地方。但这些政策无疑是非常符合当时的实际的，是非常接地气的，是非常实用的，也是非常受人民欢迎的。从这点而言，这种"以人为本"的制定政策的办法，正是我们后来者应该认真汲取的经验。

随着时代的发展，后人的智慧总会超过前人，但历史上的一些治国理政的精华尤当尊重和继承。不管做什么事，都应该多接点地气，多办点实事。

之四十一
依法办事凭正气

在等级森严的封建社会,可谓皇权至上,一个臣子要依法办事,是一件非常不容易的事。如果有人不识时务,还不合时宜地去顶撞皇上,而皇上又是一个独断专行、我行我素的人,那么麻烦可能会不期而至。所以一般来说,绝大多数人都是顺着皇上的,即使皇上的做法不正确,也是睁只眼闭只眼,免得自找苦吃。

但历史上也有例外,隋代的赵绰就是一个宁愿不要命也要依法办事的人。他之所以能够这样做,更多的是因为他一身正气、公而忘私。《资治通鉴·隋纪》里记录了赵绰依法办事的一些事,足以表现出他的浩然正气。概括起来表现在三个方面:

一是忠于职守,仗义执言。当时,隋文帝严禁民间使用假钱(禁行恶钱),有人却胆敢在集市上用次币换好币。文帝下令将他们斩首,赵绰却说他们犯的罪只应该判处杖刑,处死他们不符合法律。文帝金口玉言，岂容臣下辩解，便执意要处死那两个人，并说不干赵绰的事。但赵绰却理直气壮地说，陛下把我放在执法部门，现在陛下想胡乱杀非罪之人，怎么会不关我这个执法大臣的事？（"置在法司，欲妄杀人，岂不关臣事？"）隋文帝虽然不高兴，但后来大家一起上奏谏阻，隋文帝才取消了杀人的命令。在其位，谋其政；有理就要据理力争、直言相谏，在这点上，赵绰确实做得不错，实在让人称道！

二是不畏权贵，冒死相争。有一次，官员辛亶被人告发搞迷信活动，隋文帝命令将其处死。这时，赵绰又来阻拦，说，辛亶没有死罪，他不能接受这个命令。隋文帝不依，就说，如果你想救辛亶，就没有你自己的命。左右真的把赵绰拉下朝堂，剥了他的官服，摘掉他的官帽，准备处斩。但赵绰临死却说："臣一心执法，不怕一死。"隋文帝本不想杀赵绰，他想，如此仗义执法的人，肯定会有利于我的统治，我怎么能轻易杀害这样忠心耿耿的人呢？于是，不仅放了他，而且还亲自安慰他。历史上据理力争的人很多，但冒死相争的人却不是很多。赵绰的这种做法，充分体现了他身上的那股凛然正气。

三是心胸宽广，公而忘私。封建时代的执法大臣，掌握着生杀予夺的大权，如果执法不公，假公济私，那不知有多少人会成为冤魂野鬼。但正直的赵绰却不这样做。当时，有一个叫来旷的官员，听说隋文帝对赵绰不满意，想迎合隋文帝，就告发赵绰执法太宽。隋文帝看了奏章，认为来旷说的有理，就把他提升了官职。后来，来旷自以为能够以此方式得到皇帝的赏识，就变本加厉地诬告赵绰徇私舞弊。此事引起隋文帝的怀疑，后经调查，证实赵绰根本不是这样的人。于是隋文帝就想杀掉来旷。此事交由赵绰办理。按常理说，此时正是赵绰借机报复的好机会，但赵绰却没有这样做，他反而给来旷开脱，力谏隋文帝免去来旷的死罪。面对赵绰的多次阻拦，隋文帝当然不高兴了，但他最终经不住赵绰聪明的辩解和反复的"纠缠"，只得改判革职流放。试想一下，来旷可是得罪过赵绰的人，如果赵绰是一个心胸狭窄、公报私仇的人，恐怕来旷早已一命呜呼了。然而，赵绰没有这样做，可见他的品德是何等高尚，心胸是何等宽广！赵绰能在历史上留得美名，确实是实至名归啊！

　　赵绰的正直、正气固然值得称道，但隋文帝的开明更值得点赞。主明臣直，相得益彰，正是一场难得的君臣际遇，才能留下千古美传。

之四十二
功高更应低调

历史上,才高八斗、功高盖世的人很多。这些人中,有的说话办事小心谨慎,处处显得十分低调,深受大家的喜爱。

第一个是项橐(tuó)。项橐是山东日照人,虽说这个人一点都不出名,但他却有一个正式的徒弟,名字叫孔子。《战国策·秦策五》记载:"甘罗曰:'夫项橐生七岁而为孔子师,今臣生十二岁于兹矣!'"神童甘罗说此话,意思很明确:项橐七岁的时候,就成了孔子的老师了。据说,项橐曾连续两次,让孔子哑口无言。于是,孔子就对他说:"后生可畏,我当拜你为师。"孔子拜他为师的故事传开后,各国都想找到项橐。换成别人也许会想,我都是孔子的老师了,又有什么可以顾忌的呢?既然有那么多人来找我,我何不乘此机会谋取一官半职,获取丰厚的财物呢?但此时的项橐却没有这么想,也没有这么做,他选择了逃离,低调地躲进深山中。

不幸的是，后被发现，他在两国武士争夺中，被刺身亡。倘若项橐不死，可能又是一段历史传奇。

再说秦末汉初的黄石公。这个人是有一定名气的，因为他有一个徒弟叫张良。《史记·留侯世家》称其避秦世之乱，隐居东海下邳。当时，张良刺杀秦始皇未果，逃亡到了下邳，在一桥上遇到了黄石公，黄石公三试张良后，授与《太公兵法》。后来，张良成为重要谋臣，功劳显赫。按说有了张良这个汉初三杰之一的徒弟，作为他师父，黄石公想要荣华富贵，那是轻而易举的事。然而，黄石公却低调地生活在自己的小天地，临别时有言："十三年后，在济北谷城山下，黄石公即我矣。"

再一个是司马徽。司马徽，东汉末年河南人，又被称为"水镜先生"，相传是殷王王室的后代，信仰道家学说。此人可了不得，不说他自己，单说他的徒弟就如雷贯耳，诸葛亮、庞统、徐庶等，都是他调教出来的。在三国演义中，被传得最神的两个人——卧龙、雏凤，竟都是司马徽的徒弟，足见其人水平之高！刘备为何三顾茅庐？其实，是因为司马徽向刘备推荐了诸葛亮、庞统等人。从这一点来看，司马徽是认识刘备的。但司马徽却并未出世做官，依然过着低调的隐居生活。按理说，凭借司马徽的广博学识和识人之明，无论在刘备、曹操还是孙权那里，都是能够享受高官厚禄的，但他并没有这样做。选择隐居和潇洒自由地生活，不能不说这是他的明智之举，也更能显示出他的可贵之处。

人上一百，形形色色。有低调之人，必有高调之人。一些高调之人居功自傲、恃才傲物，最终遭人忌恨，不得善终。说起高调之人，历史上也屡见不鲜。隋代的杨素就是一例，他虽然功高盖世，但却不知道低调行事，成为一个在历史上较有争议的人物。

杨素是隋朝的开国大臣，更是隋炀帝杨广的贴身重臣：北周时代做过中外记室、礼曹、大都督；周武帝时代，为车骑大将军、议同三司、成安县公；隋文帝时，任汴州刺史，封为清河郡公，官至御史大夫；隋炀帝时代，他被升为尚书令，授予太子太师。

但就是这样一位战功赫赫、谋略过人、气魄宏大的人，却不注意一些小节：隋文帝时代，他代替苏威为尚书左仆射，这本是文帝对他的赏识和信任，但他的性情粗疏，又好计较，对很多朝臣都轻慢排斥，就连他的前任苏威也不放在眼里；杨素所有的儿子都没有立下任何功劳，但都位至柱国、刺史；家里僮仆数千人，后宅穿着华丽，妻妾歌妓数以千计；府第豪华奢侈，形制有如皇宫；朝臣有违背他意愿的，杨素会暗中伤害他们；如果有人趋附他和他的亲友，即使没有才干，他也给予提拔。

　　正是因为杨素居功自傲，不拘小节，就招来了一些人的不满和抨击，隋文帝也渐渐疏远而且开始忌讳杨素，表面表示优待体谅，实际上暗中削弱他的权力（"外示优崇，实夺之权也"）。杨素对隋炀帝上位有功，隋炀帝也是十分信任他的，也很重用他。但杨素的功劳却特别被隋炀帝猜忌（是否是功高盖主所致，不得而知），所以隋炀帝表面上对他礼遇优厚，实际上情义甚薄。杨素卧病在床的时候，隋炀帝虽然表面上十分关心他，但内心却期待他早死。

　　杨素的一生可谓轰轰烈烈、跌宕起伏。他功高盖世，为隋朝的建立和稳定立下了汗马功劳；但他居功自傲，不拘小节，又招来人们的忌恨和鄙视。他的所作所为告诉我们：功高不可盖主，功高更应低调！

之四十三
相得方能益彰

人们都知道"相得益彰"这个成语，它的意思是：两个人或两个事物互相配合，双方的能力和作用更能显示出来。在一个自由、民主、平等、法治的环境中，要做到"相得益彰"，似乎比较容易些；而在一言九鼎的封建社会里，要做到"相得益彰"，似乎就比较困难了。一般来说，在中国的古代社会，皇帝的话就是圣旨，下边只有执行的份。所以，在多数情况下，奸臣、媚臣就显得比较多，而像秦代的秦孝公与商鞅、唐代的唐太宗和魏征，能把君臣关系处理得那么好的，就少而又少了。这是因为他们做君的开明、民主，做臣的忠诚、正直，这些君臣之间相得益彰，在中国历史上留下了千古佳话。

"相得"需要做君的虚怀若谷。唐太宗就是一个心胸开阔、气量很大的人。魏征原是废太子李建臣手下的旧臣，曾经劝说过李建臣杀害李世民。但李世民即位以后，不计前嫌，任命他为谏议大夫，专门请他来挑自己的毛病。唐太宗能这样做，可不是一般的人能够做到的，足见唐太宗确实有包容之心、爱才之意、纳谏之诚。正是因为他有这样的好品格，他执政的贞观时期，谏臣云集，为唐初经济社会的繁荣发展奠定了坚实的基础。

"相得"需要做臣的有胆有识。唐太宗之所以能够赏识魏征，就是因为魏征从不见风使舵，他总是说话直爽、有胆有识。历史上，有"识"的人很多，但是当他们看到一些不好的事、不合时宜的行为时，却总是抱着事不关己、高高挂起的态度，不愿也不敢去说，这就是没有"胆"的表现；有些人有"胆"，有胆量、有勇气，但肚子里的东西太少，不能提出很好的意见、建议，也不会受到上司的首肯和欣赏，有些甚至还会添乱。魏征可谓是胆识俱全，他看到太宗有不对的地方，就据理力争。有时候唐太宗也会感到不高兴，魏征照样说下去。关键是魏征说得深刻、在理，而且对唐太宗的统治是有利的。唐太宗明白了纳谏的重要性，自然十分高兴，他总是说，"治国好比治病，病虽然好了，还得好好休养，不能放松。所以我要多听听他们的谏言才好"。唐太宗时期，经济繁荣、社会稳定、人民安居乐业，创造了"贞观之治"的盛世时代。这其中除了他的雄才大略外，与他善于纳谏、善听诤言是很有关系的。总结历史，一条重要的经验值得吸取，那就是：主明臣直，相得益彰，国之大幸，民之大福！

"相得"需要有人从中调和。人都不是圣人,都有喜怒哀乐的时候。人在不高兴的时候,难免会做出一些错事或者荒唐的事,产生一些不必要的误解和矛盾,那样对人对己都是很不利的。这时,就需要有人在中间说服、调解,以达到充分和谐的境地。有一次,魏征在上朝的时候,跟唐太宗争得面红耳赤,唐太宗很不高兴,但又不便当面发作,回家后很生闷气,并扬言要杀死魏征这个"乡巴佬"。皇帝说这话,那可不是闹着玩的。但可喜的是,他的贤内助长孙皇后为了消除唐太宗的怨气,略施小计,就平息了这场风波。她换上一套朝见的礼服,向太宗下拜,表示深深的祝贺之意。太宗很惊奇,太后却说,"我听说英明的天子才有正直的大臣,现在魏征这样正直,正说明陛下的英明,我怎么能不向陛下祝贺呢?"唐太宗闻听此言,不仅怨气顿消,而且还表扬魏征。所以,人在相处中,总会有磕磕碰碰,有些是双方可以和解的,有些则需要有个理智的人来调解。当然,这个中间人就显得非常关键了,他必须公平公正、明辨是非,着眼大局、摒弃私念。如果稍有歪门邪道,那么不仅无助于问题的解决,而且还会加深矛盾。试想,如果长孙皇后不从大局出发,来一个火上浇油,那么魏征就必死无疑了。从这个意义说,长孙皇后的做法确实令人敬佩,值得我们学习!

之四十四
为人坦荡受人尊

孔子云,"君子坦荡荡,小人长戚戚"。这是自古以来人们熟知的一句名言。"坦荡荡",即心胸开阔,思想上坦率清净;"长戚戚",即经常忧愁、烦恼。

纵观历史,君子为什么能够"坦荡荡"？原因无非以下几点:

一是以大局为重,不计较个人得失。无论处理什么事情,他们首先考虑的是国家的利益、人民的利益,决不会因为自身的利益而丧失原则,违心办事。这样的人,无论在什么时候,无论身处何地,无论做什么事情,都会心安理得。

二是无欲则刚。没有所求,就不会媚俗,就不会心累。比如,姚崇是一个很受武则天信任的大臣,他本可以借此机会使自己平步青云,但他却以母亲年迈为由上表请求解职回家侍养母亲,武则天没办法,只得拜他为相王府长史,使他能够清静。不久,又命他兼任夏官尚书一职，同凤阁鸾台三品。这在有些人看来，当然是求之不得的事。但姚崇却拒而不受，他说，"臣侍奉相王，再统领国家兵马有所不便。臣不是怕死，而是担心对相王不利"。武则天觉得有理，于是改任他为春官尚书。试想，如果姚崇是个权力欲很强、私心很重的人，他能这么坦然地说出这些话吗？

三是不见风使舵、阳奉阴违。有些人喜欢做"墙头草"，观察风向，看到位高权重的人，就竭尽全力想办法靠近，以不正当的手段达到自己的目的；看到别人无权无势了，就立马离开，唯恐避之不及，一些人甚至恩将仇报，反咬一口，倒打一耙，其"小人"的性格暴露无遗。武则天在位十五年，姚崇一直受到武则天的信任和重用，应该说武则天是他的恩人。后来武则天被移居上阳宫，唐中宗复辟，王公士人无不欢呼雀跃，但只有姚崇呜咽哭泣。对于姚崇这种不识时务的做法，有人提醒他，"今天岂是啼哭的日子！只怕姚公的灾祸从此就要开始了"。姚崇不以为然，他很坦然地说："跟随则天皇帝日子长了，突然辞别再不能拜她了，实在是忍不住要哭啊！今天辞别旧主而悲泣，也是臣子忠于节操。若因此而获罪，实在心甘情愿。"后来，他果然被贬出亳州，转任常州刺史。当然，如果姚崇能够见风使舵，凭他的才能，凭他的功劳，绝不会落得个被贬的结局。他虽然多次被贬，但仍能赤胆忠心，这才是真正的君子所为啊！这就是他流芳百世、受人爱戴的重要原因所在。

心胸坦荡之人，大都是品德高尚之人，从短期看，他们会失去一些东西，但从长远看，他们会得到更多，更能赢得别人的敬重。著名的理学大师刘理顺的故事就能说明这个道理。

明朝书生刘理顺，少年时家贫，欲赴京应考，无奈路费短缺，于是在一位富有的员外家中任教，赚取路费。员外见刘理顺博学多才，教学有方，故此甚是器重，特地选一名聪明伶俐的侍女，照顾刘理顺的饮食起居，晚上同宿一房，其意是赠给刘理顺为妻。刘理顺日间教员外的儿子读书，夜间自修学习，经过三年苦读，学业大进，适逢考期，于是辞别员外，赴京考试。

临行时，刘理顺请员外替侍女选配一位好丈夫，员外甚为不解，以为刘理顺意欲抛弃她，于是无奈地说："她已陪伴你三年了，感情深厚。若是此去金榜高中，将来她可作为妾侍。"刘理顺微笑着说："东翁！您以为我是无情无义之小人吗？虽然同宿三年，却未曾有任何儿女私情。"员外闻言深感诧异，特地请家中老妇向侍女查问，果然仍是处子。员外对刘理顺三年来见色不乱的高尚人格钦佩万分，征得刘理顺同意，收为义子，厚赠金银衣物，助他上京赴考。放榜之日，刘理顺高中状元，因其才德兼备，后来成为明代著名的理学大师。

由此可见，做人做事应当坦荡，这样做会使自己没有什么顾虑、没有什么负担，自然也就高兴幸福了，对人对己都会有百利而无一害。而那些"长戚戚"的"小人"，虽然会暂时得到一些好处和利益，但从长远看，他们会因忧愁伤害自己的身体，会因烦恼损害和谐的人际关系，会因欲望太多做违法乱纪之事，这样的人甚至会被钉在历史的耻辱柱上，让世人唾弃和不屑，那又何必呢？

之四十五
谨防口蜜腹剑之人

世间之人，多数是善良的，是容易相处的，但也不是所有人都是好应付的。那种口蜜腹剑之人，对付起来就显得尤其麻烦。

《资治通鉴·唐纪》里记录了一个人，此人叫李林甫，就是一个典型的口蜜腹剑的人。从他的所作所为中，我们可以看出一些口蜜腹剑的人普遍的表现，概括起来有三点：

一是阿谀奉承。李林甫本是个不学无术的人，但他却专学了一套溜须拍马的本领。唐玄宗说什么、想什么，他都能够通过宫中的内线了解得一清二楚。等到唐玄宗找他商量事，他都能对答如流，完全符合皇上的意思，这样就赢得了皇上的信任。后来，唐玄宗听信李林甫的谗言，把忠心耿耿、敢于直言的张九龄撤了职，让李林甫当了宰相。李林甫能当宰相，绝不是他德才兼备的结果，而是阿谀奉承的结果。

二是阳奉阴违。李林甫知道自己在朝中的名声不好，所以凡是比他强的，他就是千方百计地排挤。但李林甫做这些事，表面上不动声色，而且还笑脸相待，在背地里却想方设法害人。这种阳奉阴违的事，李林甫干得得心应手，不知害了多少忠臣良将。

三是不安好心。李林甫心术不正，气量很小。凡是皇帝表扬过的、赏识过的、关注到的人，他都想方设法去贬损他们、伤害他们。有一次，唐玄宗看到兵部侍郎卢绚风度很好，随口赞扬了几句。李林甫得知此事，就把他连降几职。又有一次，唐玄宗很想念一个叫严挺之的官员，李林甫一方面表现出很关心严挺之的样子，表示可以想办法让他见到皇帝；一方面他却让严挺之写一封自称自己有病、请求回京城看病的信，呈给皇上。李林甫却借机说，"真太可惜，严挺之现在得了重病，不能干大事了"。唐玄宗只得惋惜作罢了事。这样上当受骗的人，绝不是严挺之一个人。试想，有这样的人在皇帝身边，国家能好到哪里去？所以，李林甫当了十九年的宰相，一个个有才能的正直的大臣都遭到排挤，一批批钻营拍马的小人却受到重用提拔。

在这批受重用提拔的人中，平卢节度使安禄山就是一个。此人也很善于溜须拍马，他在担任节度使期间，收罗珍禽异兽、珍珠宝贝，送给唐玄宗、李林甫，因此唐玄宗、李林甫对他的信任与日俱增，使其大权在握。后来，尽管有人在皇帝面前说安禄山一定会谋反，但唐玄宗始终不相信，以致安禄山最后发动叛乱，朝廷却未作任何防备。李林甫本是一个口蜜腹剑的典型，但想不到有人比他更厉害，连他也会被骗，这既是他个人的悲剧，又是历史的悲剧。口蜜腹剑的人无时不在，任何时候都须谨防才是啊！

世人都恨口蜜腹剑之人，但口蜜腹剑的人不仅不以为耻，而且还乐此不疲。究其原因，是因为他们能在这种见不得人的行为中得到好处。袁世凯告密就说明了这一点。

"百日维新"期间，光绪皇帝根据康有为等人的建议，颁布了一系列变法诏书和谕令。这些革新政令，目的在于学习西方文化、科学技术和经营管理制度，发展资本主义，建立君主立宪政体，使国家富强。

"百日维新"开始后，清政府中的守旧派不能容忍维新运动的发展。有人上书慈禧太后，要求杀了康有为、梁启超；奕劻、李莲英跪请太后"垂帘听政"；御史杨崇伊多次到天津与荣禄密谋；甚至宫廷内外传言将废除光绪，另立皇帝。九月中，光绪皇帝几次密诏维新派商议对策，但维新派既无实权，又束手无策，只得向光绪皇帝建议重用袁世凯，以对付荣禄。十六日和十七日，光绪皇帝两次召见袁世凯，授予侍郎；十八日夜，谭嗣同密访袁世凯，劝袁杀荣禄，举兵救驾。袁世凯当面接受，背后却向荣禄告密。二十一日，慈禧太后突然从颐和园赶回紫禁城，直入光绪皇帝寝宫，将光绪皇帝囚禁于中南海瀛台，然后发布训政诏书，再次临朝"训政"，"戊戌政变"成功。戊戌政变后，慈禧太后下令捕杀在逃的康有为、梁启超，逮捕谭嗣同、杨深秀、林旭、杨锐、刘光第、康广仁、徐致靖、张荫桓等人。二十八日，在北京菜市口将谭嗣同、杨锐、刘光第、林旭、杨深秀、康广仁六人杀害，徐致靖被处以永远监禁，张荫桓被遣戍新疆。所有新政措施，除七月开办的京师大学堂（今北京大学）外，全部都被废止。一百零三天的维新变法失败，谭嗣同等六君子被杀，固然有其他方面的很多原因，但袁世凯关键时刻的口蜜腹剑、背信弃义、无耻告密却起了至关重要的作用。

　　所以，对待这种口蜜腹剑之人，一是要注意观察，不能被他们一时的奉承、笑脸所迷惑，要看得清、识得明；二是避而远之，不要和这种人交往；三是要敢于斗争，敢于戳穿他们的伎俩，尽量不让他们的阴谋诡计得逞，尽量不让他们的所作所为伤及别人、祸害社会。

之四十六
宽厚严谨护声誉

宽厚严谨，是一个人立身处世的美德，它既可以助人成就事业，又可以让人一生平安，永享盛誉。

唐朝的著名将领郭子仪就是一个宽厚严谨的人，他历经玄宗、肃宗、代宗、德宗四朝，勤于职守，身系国家安危四十余年，享有崇高的威望和声誉。在那个等级森严、人际关系异常复杂的封建社会，郭子仪为什么能够做得如此之好？归根结底，是他的宽厚严谨造就了他。这种高贵的品质，在他身上体现得最为明显的有以下几点：

一是忍辱负重。郭子仪先后平定史思明之乱和安史之乱，可谓战功赫赫，威名四扬。但因为常年领兵在外，朝中的一些奸佞小人难免进谗使坏，诬陷他拥兵自重，心怀不轨。其中有个叫鱼朝恩的人，更是做得过分，他乘郭子仪在外作战，竟指使人掘盗郭子仪父亲之墓，搞得满朝震惊。对此，朝廷内外都议论纷纷，顾虑重重，都担心会出现什么意外，就连皇帝也来安慰郭子仪。哪里料到郭子仪不仅没有责怪鱼朝恩等人，而且还自责道："我领兵日久，不能禁止士兵损坏别人的坟墓，如今父墓被掘，这是上天对我的报应，真所谓天道不公，不是人为的祸患！"如此顾全大局、宽宏大量，恐怕很难有人做得到。郭子仪做到了，正好说明他的品德之高尚、胸怀之宽广、境界之远大。

二是光明磊落。鱼朝恩掘了郭子仪父亲的墓，郭子仪虽然原谅了他，但心里肯定会不高兴，今后也肯定不愿来往和结交。常言道，惹不起还躲得起。但郭子仪却没有这样做。有次，鱼朝恩宴请郭子仪，身边的大臣都劝郭子仪不要去，都猜想鱼朝恩会不怀好意，恐怕是"鸿门宴"。可郭子仪却欣然前往，而且还不带随从。鱼朝恩感到很意外，问郭子仪为什么不带随从。郭子仪把别人的担忧和劝说都原原本本地告诉了鱼朝恩，鱼朝恩听后，不禁感激而泣，他为掘墓一事后悔不已。想想，如果不是郭子仪的光明磊落、宽宏大量，他们之间必然会产生嫌隙，这样对他们本人和整个国家又会有什么好处呢？正因为如此，郭子仪才更加受人尊敬和爱戴。

三是不徇私情。郭子仪对人宽厚，对家人的要求却十分严格。他担任河中节度使时，严禁无故骑马奔跑，违令者斩。偏偏他妻子南阳夫人奶妈的儿子违反了这条规定。军中执法官都虞侯不徇私情，按照军令杖杀了奶妈的儿子。子侄们为了此事，都到郭子仪那里告状，数说都虞侯的不是。郭子仪不但没有帮他们说话，而且狠狠地训斥了他们一顿。

正是因为郭子仪平生都能做到对人宽厚、对己严谨，所以他"权倾天下而朝不忌，功盖一代而主不疑"。

常言道："退一步海阔天空，忍一时风平浪静。"这既是一份气量，更是一种品格。真正做到了这一点，很多看似很难处理的事也就迎刃而解了。历史上，这样的人和事不胜枚举。

大家都知道"宰相肚里能撑船"的故事，它说的是：三国时期的蜀国，在诸葛亮去世后由蒋琬担任宰相主持朝政。他的属下有个叫杨戏的，性格孤僻，讷于言语。蒋琬与他说话，他也是只应不答。有人看不惯，在蒋琬面前嘀咕说："杨戏这人对您如此怠慢，太不像话了！"蒋琬坦然一笑，说："人嘛，都有各自的脾气秉性。让杨戏当面说赞扬我的话，那可不是他的本性；让他当着众人的面说我的不是，他会觉得我下不来台。所以，他只好不做声了。其实，这正是他为人的可贵之处。"蒋琬的一席话既堵住了那些无事生非之徒的嘴，又彰显了他宽厚、严谨、大度的品格，所以后来有人称赞蒋琬"宰相肚里能撑船"。

另外,"仁义胡同"的故事也颇给人启示。明朝时,山东济阳人董笃行在京城做官。一天,他接到家信,说家里盖房为地基而与邻居发生争吵,希望他能借权势来出面解决此事。董笃行看后马上修书一封,道:"千里捎书只为墙,不禁使我笑断肠;你仁我义结近邻,让出两尺又何妨。"家人读后,觉得董笃行有道理,便主动在建房时让出几尺。而邻居见董家如此,也有所感悟,同样效法。结果两家共让出八尺宽的地方,房子盖成后,就有了一条胡同,世称"仁义胡同"。相互谅解,彼此融通,宽厚待人,让出的不仅是空间,更是友善与和谐啊!

郭子仪、蒋琬等人,是在人们心中享有崇高声誉的人。之所以如此,除了他们杰出的才能以外,更重要的是他们都具有宽厚、严谨的优秀品格。对比郭子仪、蒋琬的所作所为,那些稍有成绩就居功自傲,稍有一官半职就盛气凌人的人,难道不该汗颜吗?

之四十七

危难之中见本色

一个国家的成长壮大，绝不可能一帆风顺，总会遇到很多矛盾和问题。面对一些危机和困难，总得有人来解决。在这种关键时刻，有人迎难而上，敢于担当，方显英雄本色。唐朝的名臣裴度就是这样的人。

裴度中年当官后，面对藩镇割据的局面，他忧心忡忡，痛心疾首，暗自下定决心，要为振兴王室而出力。元和九年（814年），淮西节度使吴少阳病死，他的儿子吴元济不肯交出兵权，还四处劫掠，因此朝廷发兵讨伐。正当此时，成德节度使和淄青节度使唯恐祸及自身，乘机寻衅闹事，把朝廷后方的供应物资烧得一塌糊涂。面对这样的局面，一些大臣都建议唐宪宗罢兵。但裴度经过调查之后，力主继续作战。他据理力争，宪宗最终下定了讨伐的决心。裴度虽然得到了宪宗的支持，但朝中那些贪生怕死的官僚还是力主讲和，"李逢吉等竟言师老财竭，意欲罢兵"，就是说，李逢吉等人争着说军中士气低落，财物消耗已尽，意思是打算停止用兵。前线将领于是都互相观望，不肯出力。面对这样的局面，"上亦病之"，宪宗也为此忧虑重重。此时，裴度毅然站了出来，"臣请自往督战"，他主动请缨，亲自前往督战。裴度亲赴前线，临行前立下军令状，"臣若贼灭，则朝天有期；贼在，则归阙无日"。意思是说，"倘若贼人覆灭了，我不久就会前来朝见陛下；倘若贼人尚在，我就不会回到朝廷中来"。正是在他这种精神的鼓舞下，前线将士士气大振，战争形势迅速向好的方向发展。仅几个月，淮西之战就取得了决定性的胜利。

困难面前显身手，危难之中见本色。裴度做到了这一点，明朝的于谦也做出了榜样，堪为后人之楷模。

正统十四年（1449年），明英宗在太监王振的撺掇下，御驾亲征瓦剌。八月，明军在土木堡惨败，明英宗也成为俘虏。消息传到北京，一时间京师人心惶惶，很多官宦和富户准备举家南逃，有些官员主张迁都南京。于谦厉声说："提议南迁的人应当斩首！京师是天下根本，只要一动便大事去矣。难道不见宋朝南渡的故事吗？"于谦力主抗战，得到吏部尚书王直、内阁学士陈循等爱国官员的支持。于是，皇太后命郕王朱祁钰监国，于谦被任命为兵部尚书，负责保卫京师。

　　于谦一面整顿京师兵马，加固城防工事，一面调遣各地兵马进京勤王。短时间内，北京城的兵力增加到二十二万余人，在数量上相比瓦剌军有压倒性的优势。于谦还派监察御史白圭等十五名官员，前往京畿、山东、山西、河南等地招募兵员，进行应急训练，作为预备队。十月，于谦亲率明军迎战进犯北京的也先，先后在德胜门、西直门、彰义门等地挫败瓦剌军。在明军的顽强抗击下，也先屡战不利，使出明英宗这张王牌，又被于谦以"社稷为重，君为轻"给挡了回去，万般无奈之下，只好撤退。明军在于谦的指挥下，取得了北京保卫战的胜利。不甘心失败的也先又数次南侵，但在明军的严密防守下，数次受挫，最后只能在景泰元年（1450年）放回明英宗，并恢复与明朝的藩属关系。

　　于谦乃一介文弱书生，《明史》为何把他与宋朝抗金名将岳飞齐名，并誉为"西湖三杰"之一？就是因为他在国家危亡时刻挺身而出，挽狂澜于既倒，扶大厦之将倾，打赢了关系王朝生死、国家存亡的命运之战，保全了江山社稷。可以说，他的功劳毫不逊色于优秀的武将。

　　如此看来，不惧困难，不避矛盾，不怕艰险，除了要有一份勇气外,更重要的还是要有无限的忠诚和担当,也许这才是一个真正英雄的本色!

之四十八
践诺尚需笃行

人和人相处，都会有许诺的时候。许诺容易，然则践诺就不那么容易了。有的人喜欢许诺，许诺之时，胸脯拍得震天响，但转过身去，也就什么都忘了，这叫不诚信，或者说是品性不好；有的人许了诺，那就是一诺千金、一言九鼎，他会想办法去克服各种困难，践行自己的诺言，这样的人自然会赢得别人的信赖和赞许。

承诺践诺，靠的是真诚。"曾参杀猪"的故事就充分彰显了"诚信"的重要。曾参，春秋末期鲁国有名的思想家、儒学家，是孔子门生中七十二贤之一。他博学多才，且十分注重修身养性，德行高尚。有一次，他的妻子要到集市上办事，年幼的儿子吵着要去。曾参的妻子不愿带儿子去，便对他说："你在家好好玩，等妈妈回来，将家里的猪杀了煮肉给你吃。"儿子听了，非常高兴，不再吵着要去集市了。这话本是哄儿子说着玩的,过后,曾参的妻子便忘了。不料,曾参却真的把家里的一头猪杀了。妻子从集市上回来后,气愤地对丈夫说:"我是哄儿子说着玩的,你怎么就真把猪杀了呢?"曾参说:"孩子是不能欺骗的,他不懂事,还没有辨别能力,接触到的是父母,所以什么都跟父母学。你现在哄骗他,等于是在潜移默化地教他学会欺骗。再说,你现在欺骗了孩子,孩子以后自然也就不相信你了,你以后还怎么教育孩子?"应该说,曾参这样做是有他的道理的,但话说回来,如果曾参不这么做,想必他的儿子也不会太怪罪他。但是,曾参"杀猪示诚信"的做法,正体现了他的高明之处,他宰掉的只是一头猪,但赢取的却是儿子的尊重、信任和一生的诚信品格。试问,我们做父母的有多少能够做到这一点呢?

承诺践诺,讲的是信义。"卓公行千里如期",讲的就是"一诺千金"的"信义"。卓恕,字公行,浙江上虞人。他为人笃实讲信义,答应办的事就立即去办;与人约会,纵然遇到暴风疾雨、雷电冰雪,也都没有不如期到达的。有一次,卓公行要从建业回会稽(今浙江绍兴)探亲,去向太傅诸葛恪告辞。诸葛恪问道:"你什么时候返回呢?"卓公行回答了归来的日期，并说会在那日再来拜见。到了那天，诸葛恪想做东宴请一些宾客，不停地饮酒品菜，以便等候卓公行。当时，赴宴的宾客都以为，从会稽到建业相去千余里，路途之上又很难说不会遇到风波，怎么一定能如期到达呢？不管众宾客怎么说，诸葛恪坚持要等卓公行，因为他了解卓公行，知道他是一个诚信君子，他说今天到就一定会到。不一会儿，卓公行果然到了。所有的人都很惊诧。

　　承诺践诺，凭借的是高尚品质。"陶四翁烧毁假紫草"的故事就说明了这一点。陶四翁是个开染布店的，他为人忠厚，做生意讲求信誉，在当地有口皆碑。一天，有人来推销染布用的原料紫草，陶四翁并不怀疑，就用四百万钱通通买下了那些紫草。不久一个买布的商人来店里进货，看见了这些紫草，便告诉陶四翁说这些都是假的。陶四翁大吃一惊，还有些不相信。商人教了陶四翁一些检查紫草的方法，陶四翁照商人说的一试，果然是些假紫草。这时商人说没关系，这事包给我了，假紫草仍然可以用来染布，价钱便宜点拿到市场上去卖掉就行了。第二天，商人再来进货，陶四翁却没有一匹染好的布，他还当着商人的面把那些假紫草全都烧了。宁愿自己受骗，也不让"骗术"从他这里得以延续，这样的品行多么难得啊！他用高尚的品质教育了他的后代，他的子孙们也像他一样诚信不欺，最后都成了大富商。

　　承诺践诺，就要勇于担责、敢于担当。有了错误，就要敢于承认，及时纠正。回避矛盾、推卸责任，绝不是一个正人君子所应有的态度。"皇甫绩守信求责"的故事就给了我们深刻启示。皇甫绩是隋朝有名的大臣。他三岁的时候父亲就去世了，母亲一个人难以维持家里的生活，就带着他回到娘家住。外公见皇甫绩聪明伶俐，又没了父亲，怪可怜的，因此格外疼爱他。外公叫韦孝宽，韦家是当地有名的大户人家，家里很富裕。由于家里上学的孩子多，外公就请了个教书先生，办了个自家学堂，当时叫私塾。皇甫绩就和表兄弟们都在自家的学堂里上学。外公是个很严厉的老人，尤其是对他的孙辈们。私塾开学的时候，就立下规矩，谁要是无故不完成作业，就按照家法重打二十大板。有一天，上午上完课后，皇甫绩和他的几个表兄躲在一个已经废弃的小屋子里下棋。一贪玩，不知不觉就到了下午上课的时间。大家都忘记做教师上午留的作业。第二天，这件事被外公知道了，他把几个孙子叫到书房里，狠狠地训斥了一顿。然后按照规矩，每人重打二十

-249-

大板。外公看皇甫绩年龄最小，平时又很乖巧，再加上没有爸爸，不忍心打他。于是，就把他叫到一边，慈祥地对他说："你还小，这次我就不罚你了。不过，以后不能再犯这样的错误。"可是，小皇甫绩不仅高兴不起来，而且心里很难过，他想：我和哥哥们犯了一样的错误，耽误了功课。外公没有责罚我，这是心疼我。可是我自己不能放纵自己，应该也按照私塾的规矩，被重打二十大板。于是，皇甫绩就找到表兄们，求他们代外公责打自己二十大板。表兄们一听，都扑哧一声笑了出来。皇甫绩一本正经地说："这是私塾里的规矩，我们都向外公保证过，触犯规矩甘愿受罚，不然的话就是不遵守诺言。你们都按规矩受罚了，我也不能例外。"表兄们都被皇甫绩这种信守学堂规矩、诚心改过的精神感动了。于是，就拿出戒尺打了皇甫绩二十大板。后来皇甫绩在朝廷里做了大官，但是这种从小养成的信守诺言、勇于承认错误的品德一直没有丢，这使得他在文武百官中享有很高的声望。人们常说，"三岁看大，七岁看老"，这句话可真正验证在皇甫绩的身上了。看来，从小就能养成诚实守信、敢于担当的良好品格，对人的一生是多么重要啊！

然而，践诺不可能一蹴而就，它不仅需要有诚信、义气、勇气和担当的高尚品德，更需要实力做保障。《资治通鉴·后梁》里记录了一个人，他叫王彦章，是后梁的著名将领，以作战勇猛著称。他早年和一些青年投到朱温帐下，主动要求做一名部队的将领，别人都很不服气。他就对大家说："你们不服，是吗？谁敢和我一起，光着脚在荆棘里走一遭？"别人都不敢，他却赤脚走入荆棘，其余的人只有惊异、佩服的份了。

但王彦章的本事绝不仅仅就是这些，关键是他自身有实力、敢担当。当时，后梁和唐军对阵，梁帝任命王彦章为北面招讨使。"梁帝召问王彦章以破敌之期"，即问他打败敌人要多长时间。他说，只需三日。左右的人都讥笑他狂妄自大。但王彦章却没有解释什么，他暗自行动，集中精兵强将，连夺几个城寨，打败敌人之时正好是三天。

王彦章在梁帝面前许下了诺言，后来他真的不折不扣地践行了诺言。之所以能够顺利地做到这一点，除了他的勇气以外，更多的还是凭借他超凡的实力。首先，他自身确实能力非凡。他跟着朱温到处征战，所向披靡，练就了一身超凡的本领，人称"王铁枪"，敌人闻风丧胆。其次，他用兵有方，谋略得当。虽然大战在即，他仍然镇定自若，还能大摆酒宴来迷惑对方，自己却暗地里集结部队攻打敌人。这充分说明他有勇有谋。第三，他忠贞不贰。后唐皇帝李存勖深知王彦章的本领，软硬兼施想拉拢他入伙，但王彦章誓死不从，他觉得一仆不能侍奉二主。所以王彦章到死，还是对后梁忠心耿耿，毫无二心。这样的义举，着实让人感佩！

因此，无论在什么时候，无论你本事有多大，都不能轻易地许诺。如若许了诺，那就要像王彦章、曾参、卓公行、陶四翁、皇甫绩他们一样，用自己的勇气、勇敢、担当，以及高尚的品格和非凡的实力去践行诺言。如果只顾许诺，不重践行，那只会落得个被人耻笑和唾弃的下场。少些空谈、多些实干，这才是为人之道、成事之基啊！

之四十九
众叛亲离有缘由

众叛亲离也作"亲离众叛",说的是不得人心、陷入完全孤立的境地。关于它的出处,春秋左丘明著的《左传·隐公四年》有详细叙述:"阻兵无众,安忍无亲,众叛亲离,难以济矣。"这其中包含着一个故事:春秋时,卫国国君卫桓公的弟弟州吁(xū),趁哥哥卫桓公一次外出不备,杀死卫桓公,自己做了国君。他怕百姓反对他,就想转嫁矛盾,攻打郑国。鲁国国君鲁隐公得知州吁攻打郑国,就问大夫众仲:"卫国的州吁伐郑,能够成功吗?"众仲回答说:"臣听说以德抚民,没听说以乱治国的。用乱治国,犹如梳理一堆乱丝,只能是越理越乱。卫国的这个州吁,仗恃武力而又过于残忍,这样就没有群众支持,当然也不会有亲人拥护。在这种众叛亲离的情况下,州吁是很难成功的。用兵打仗,就像玩火一样,不加制止,就会玩火自焚,烧死自己。州吁杀死了自己的国君,又暴虐自己的百姓,加之不注重德政建设,而想用动乱取得成功,导致最终失败是必然的!"果然如此,州吁连连用兵,不仅遭到郑国人的殊死抵抗,也遭到卫国上下的反对。不到一年,卫国敢于"大义灭亲"的"纯臣"(即忠臣)石蜡,利用州吁访陈的机会,借助陈国的力量,把州吁连同他作恶多端的儿子先后杀掉了。这个弑君虐民、两次击郑的暴君,最终成了众叛亲离、身首异处的他乡之鬼。

州吁的结局是可想而知的,众叛亲离必然导致这样的结果。当然,人们都不希望众叛亲离,之所以经常出现众叛亲离的现象,其中肯定是有缘由的。后唐皇帝李存勖本是一个很有作为的人,但最后由于自身的原因,还是落得个众叛亲离的下场。从他身上,我们可以归纳出两个显著的缘由:

一是不务正业,人心涣散。李存勖执政后期,因为喜欢起演戏,终日与伶人混在一起,把国家大事丢在一边。皇帝都如此,结果就出现了"诸伶出入宫掖,侮弄缙绅,群臣愤嫉,莫能出气,亦反有相附托以希恩泽者,四方藩镇争以货赂结之"。什么意思?就是说,优伶们常出入皇宫,戏弄士大夫,让那些大臣们非常愤恨,却又不敢对他们生气,反而有人靠他们求得官职,很多人都来贿赂巴结他们。朝廷都这样了,人心也就凝聚不起来,这时人心惶惶，相互猜忌的事就不断发生，许多大臣就是因为相互猜忌而被害。此时，皇甫晖发生叛乱，李存勖派出李嗣源讨伐。李嗣源早就对李存勖的行为不满，于是他反戈一击，乘机起兵推翻李存勖。不得已，李存勖亲自率兵讨伐，不料到达荥泽时，龙镇指挥使姚彦温率领三千骑兵又背叛了他，各地军队都归顺了李嗣源。此时，李存勖后悔莫及，但已悔之晚矣。

二是不善待他人，留下后患。你敬人一尺，人敬你一丈，不善待他人，必然后患无穷。李存勖回到洛阳后，仍打算抵抗李嗣源，但就在他要出发的时候，传来指挥使郭从谦叛乱的消息。这郭从谦是郭崇韬的儿子，郭崇韬就是李存勖害死的。爹被害死了，作为指挥使的儿子肯定会怀恨在心，于是乘此机会就发动了兵变。此时，李存勖也想回击，可惜他身边的大臣和禁卫士兵纷纷丢盔弃甲，落荒而逃，只剩下十多个人负隅顽抗，最后李存勖被流箭射死。一代枭雄就这样在众叛亲离中死于非命，悲哉！

当然，众叛亲离的缘由绝不仅仅只有以上两条，道德品质的败坏、阳奉阴违的举动、斤斤计较的德行、盛气凌人的态度等等，都可能使你众叛亲离，成为孤家寡人。要避免这样的局面，唯有处处小心、事事从严,时时刻刻以良好的形象凝聚人心,才能赢得尊重、永固伟业!

之五十 屈就并非坏事

能屈能伸，应该是人的一种美德。这句话说起来容易，做起来较难。如果一个人做到了，那自然是很难得的，也是很值得赞赏的；如果一个皇帝能做到这一点，那就更了不起、更让人刮目相看了。因为，在人们的眼里，皇帝是至高无上的，只有别人屈就他的份，哪有皇帝屈就之理？但历史上就有这么一位皇帝，他不仅做到了，而且还做得很好。他，就是后晋皇帝石敬瑭。

按说，石敬瑭也是一个有勇有谋的人。早年，他骑术、箭法高超而又胸怀大略，聪慧过人，很受上司的赏识。后来，石敬瑭想当皇帝，但估计自己没有灭掉后唐的实力，于是想取得契丹政权的支持。他"遣间使求救于契丹，令桑维翰草表称臣于契丹主，且请以父礼事之，约事捷之日，割卢龙一道及雁门关以北诸州与之"。就是说，他派使者从偏僻的道路去向契丹求救，让桑维翰拟表章向契丹主称臣，并且请求以父亲的礼节来侍奉他，约定事成之后，就将卢龙一道及雁门关以北诸州给契丹。

在封建社会，这种割地求援的方式比比皆是，也容易被人接受和理解。但用对待父亲的礼仪去对待别国的国君，这样做倒让人有些费解了。自然，这样做肯定会招来大家的反对，但石敬瑭却不以为然，仍然我行我素，一如既往，不改初衷。后来，在契丹的帮助下，他们联合灭掉了后唐，契丹皇帝耶律德光立石敬瑭为后晋皇帝。

后晋政权建立以后，石敬瑭的地位并不巩固，人们对石敬瑭的那种奴颜婢膝的态度更是不满。此时，石敬瑭更是离不开契丹政权了，他对契丹越发恭敬有加，随时称自己为"儿皇帝"，并向契丹供送各种物质。即使契丹对他百般侮辱，他都从不表示一点厌恨之心。

一个人，特别是一个皇帝能够屈就到如此地步，应该是为多数人所不齿的。但事情并不尽然，石敬瑭之所以这样做，他是从大处着眼，从长远考虑。当然这里有他的私心在作怪，但如果他不这样做，情况又会怎么样呢？可能一时保住了自身的清白和美名，但换来的可能是国家的动荡和灭亡。实践证明，在石敬瑭执政期间，契丹和后晋一直维持着比较好的关系，这就无疑给百姓的生活提供了一个发展生产和安心生活的良好环境，这难道不是舍"小我"而顾"大我"的行为典范吗？那些年，后晋每年送给契丹的财物只相当于几个县的税赋，而且经常借口百姓生活贫困，不按照金额交纳贡品。试想一想，如果他们之间的关系不是那么融洽、和谐，按照契丹国的脾气，石敬瑭会有好果子吃吗？说不定石敬瑭早就销声匿迹了。如果不是后晋用经常性的小恩小惠"忽悠"着契丹政权，那老百姓不是会付出得更多吗？

权衡这些利弊得失，孰轻孰重，孰是孰非，明眼人一看便知。从这种意义上说，我们还不得不佩服"儿皇帝"石敬瑭超人的智慧，不得不感谢他为后晋的老百姓所做的一切。

暂时的屈就可能会有所失，但忍辱负重却可能成就大节、巩固伟业。张骞出使西域，就成就了他"忍辱负重成大节"的一世英名。

汉武帝为了联合大月氏攻打匈奴，决定派张骞出使西域。公元前139年，张骞手持旌节，带着一百多人浩浩荡荡地从长安出发，穿过陇西，进入了河西走廊。在此，他们便遇到匈奴的骑兵，遭到了匈奴人的围攻，成了匈奴人的俘虏。匈奴单于把张骞一行人分散开来，做了养牛牧马的奴隶，并派人对他们严加看守。为了利用张骞，匈奴单于还把漂亮女儿嫁给了张骞，让他在此安居乐业。张骞将计就计，和匈奴媳妇安心过起了日子，但他始终没有忘记汉武帝交给自己的神圣使命，没有动摇为汉朝通使大月氏的意志和决心，在匈奴一直留居了十年之久。

张骞"为人强力，宽大信人"，很快就适应了游牧生活，并和匈奴人建立了良好的友谊，匈奴单于也慢慢地对他放松了警惕。张骞暗中和随从甘父谋划，利用一次出外狩猎的机会，最终成功脱逃。张骞和甘父一路向西，他们越过大漠戈壁，翻过崇山峻岭，终于来到了大宛国，借助大宛国的实力，继续向大月氏前进。

在他逃离后，他的匈奴媳妇受到了残酷的刑罚，蒙受了许多屈辱。张骞在从大月氏回来的途中再次被匈奴单于抓住。一年后，匈奴单于病死，匈奴贵族发生了内乱。张骞趁机带着媳妇和孩子，在甘父的保护下，回到了阔别十三载的西汉。张骞为了不辱使命、不失大节，宁愿牺牲个人利益甚至生命。正因为如此，他才会被后人永远铭记！

张骞的所作所为，为我们深刻诠释了"得"与"失"、"利"与"弊"的道理。他被拘匈奴十余年，美好的青春可能在种种屈辱之中消磨，妻子和孩子也因他而备受欺凌，从这个方面来说，他确实失去了很多。但他始终不忘初心，牢记使命，不惜牺牲个人利益甚至生命，完成了汉武帝交给的任务，从这点来说，他和他的国家又得到了很多。应该说，这种"得"更加宝贵、更加崇高，更加值得钦佩和敬仰。

所以，任何事情都要从正反两方面来分析，"利"和"弊"、"是"和"非"、"得"与"失"都是相对的。任何时候、任何情况下，都要因时而变，因势而谋。非常时期的"屈就"之举，或许就是一种难得的大智慧、大成就！

之五十一
为官之道当学冯道

在《资治通鉴·后周》里，可以读到一篇关于"五朝元老"冯道的故事，其中的几句话非常值得玩味，即"道少以孝谨知名，唐庄宗世始贵显，自是累朝不离将、相、三公、三师之位，为人清俭宽宏，人莫测其喜愠，滑稽多智，浮沉取容……时人往往以德量推之"。什么意思呢？大意是说冯道年轻的时候，以孝道谨慎出名，在后唐庄宗时开始尊贵显赫，从那以后，一直出任将军、宰相、三公、三师的职位，做人清净简朴宽容大度。别人不能猜测他的喜怒哀乐；他能言善辩，足智多谋，与世沉浮，左右逢源……当时的人每每要用德行度量来推崇他。

冯道能在官场上一直待下去，并能待得安稳、显赫，总结他的为官之道，其原因大概有以下几条：

一是为人厚道，自然得体。早年，他在晋王李存勖手下做掌书记，有一次后晋、后梁军队夹河对峙，冯道在自己的军中搭一个草棚，不设床席，睡在草料堆上；领到的薪俸，拿来与手下人分享，与他们共用器皿，一同吃喝。可见，他这样做是很得体的，也很容易和大家平等相处，从而赢得别人的尊重和爱戴。

二是清净简朴，乐善好施。有一次，有人把掳掠到别家的美女送给冯道，冯道推辞不掉，就把她安排在另外的房间，查访了解到她的家人后，就派人将其送回。父亲去世后，他居丧在家。那时正值荒年，他便拿出全部资财周济乡里百姓，并亲自耕田砍柴。看见有未耕的荒田，或人家无力耕种的，冯道就晚上悄悄替人耕种，后来别人知道后感到很惭愧，前来感谢他，他却不以为然。这样，他又在无形中赢得了很多人脉和良好的名声。在以孝道为重的封建社会，这样的行为无疑为他稳居官场加了很多分。所以守丧期一满，他又被征召为翰林学士。

三是静躁难测，让人捉摸不透。人们常说，不以物喜，不以己悲，就是不因一时得到什么就沾沾自喜，也不会因为稍稍遇到挫折就垂头丧气，在外人看来，无论喜怒哀乐，都是一样的表现。这点当然很少有人能做到，但冯道做到了，而且做得很出色。冯道虽然贵为"五朝元老"，但其中也有不得意的时候，也有被降职的时候，但冯道始终如一，始终能做到安贫乐道、忠心耿耿、赤诚相见、肝胆义肠。这样的品格哪个皇帝都会十分看重，自然他一路得宠也是有道理的。

四是忠心耿耿，足智多谋。冯道的忠心不是体现在阿谀奉承上，而是体现在对主人、对国家利益负责上。如后唐明宗在位的那几年，国家收成好，中原也没有战事，但冯道居安思危，他劝谏后唐明宗，"大凡身处艰难危险境地时，人都会深思熟虑，谨慎而行，所以不会有什么差错；而身居安逸则祸患常随思想松懈而至，这是人之常情啊！"正是在冯道的辅助下，后唐明宗在位期间才出现了五代十国时期最好的政治局面。我们设想一下，如果冯道是个见风使舵、阳奉阴违、见利忘义之人，就算凭他的才能可以一时为官，但这样为官也不会太长久，弄得不好可能还会身败名裂。古往今来，这样的人还少吗？

冯道为官，取之有道。要当好官，学学冯道又何妨！